MINISTÈRE
DES
TRAVAUX PUBLICS
DES POSTES
ET
DES TÉLÉGRAPHES.

COMMISSION
MINISTÉRIELLE DES MARCHÉS
DE TRAVAUX PUBLICS.

Paris, le 11 juin 1909.

RAPPORT DE LA COMMISSION.

MINISTÈRE
DES
TRAVAUX PUBLICS,
DES POSTES
ET
DES TÉLÉGRAPHES.

COMMISSION
INTERMINISTÉRIELLE DES MARCHÉS
DE TRAVAUX PUBLICS.

Paris, le 11 juin 1909.

RAPPORT DE LA COMMISSION

Dans un rapport adressé à M. le Président de la République, M. le Ministre des Travaux publics, des Postes et des Télégraphes a exposé qu'un certain nombre d'adjudications importantes de travaux ont donné lieu à des insuccès répétés,

Qu'il a dû, pour trouver un soumissionnaire, consentir dans la plupart des cas une augmentation considérable de la dépense prévue,

Et que des insuccès analogues ont été constatés dans d'autres départements ministériels.

La situation paraissant de nature à préoccuper sérieusement les Pouvoirs publics, M. le Ministre des Travaux publics, des Postes et des Télégraphes, d'accord avec ses collègues, a proposé de confier à une Commission comprenant deux représentants de chacune des Administrations intéressées, « la recherche des origines de la crise, de ses suites possibles ou probables et des mesures à prendre, s'il y a lieu, en vue d'atténuer les charges supplémentaires pour le Trésor public qui pourraient en être la conséquence ».

Un décret du 22 juin 1908, rendu conformément à ces propositions, a institué au Ministère des Travaux publics, des Postes et des Télégraphes une Commission spéciale « *chargée d'étudier l'ensemble des questions relatives aux adjudications de travaux publics* (1) ».

---

(1) La Commission est composée comme il suit :

MM. Laurent, premier président de la Cour des Comptes, *président*;

Colson, conseiller d'État;

Membres représentant les Administrations intéressées :

Intérieur. — MM. Marion, inspecteur général des Ponts et Chaussées; Boncorps, ancien agent-voyer en chef, Membre du Comité technique de la Vicinalité,

Ministère des Finances. — MM. Privat-Deschanel, conseiller d'État, directeur général de la Comptabilité publique; Clugnet, ingénieur en chef du Service central des constructions des manufactures de l'État.

La Commission, présidée par M. Laurent, premier président de la Cour des Comptes (1), s'est mise à l'œuvre le 23 juillet 1908.

Elle a cherché, tout d'abord, à se rendre compte de la situation à laquelle il s'agit de remédier et elle a réuni à cet effet les renseignements que ses membres ont pu recueillir, tant en ce qui concerne les insuccès des adjudications qu'en ce qui concerne la hausse des prix des ouvrages.

La Commission a procédé ensuite à une enquête sur les causes de la crise et elle a, dans ce but, entendu un certain nombre de représentants autorisés des divers groupements patronaux et ouvriers qu'intéressent plus particulièrement les marchés de travaux publics (2).

Ministère de la Guerre.	M. le contrôleur général de 1re classe de l'Administration de l'armée, WEIL, président de la Commission des cahiers des charges et marchés ; M. le général de brigade BÉRARD, directeur du Génie à Paris, membre du Comité technique du Génie ;
Ministère de la Marine.	MM. BARBÉ, ingénieur en chef des Ponts et Chaussées, adjoint à l'Inspection générale des Travaux maritimes ; TISSIER, ingénieur en chef de 1re classe du Génie maritime, rapporteur de la Commission des machines et du grand outillage ;
Sous-Secrétariat d'État des Beaux-Arts.	MM. PARNAGEON, contrôleur général des Travaux d'architecture ; SELMERSHEIM, inspecteur général des Monuments historiques ;
Ministère des Travaux publics.	MM. CLAVEILLE, directeur du Personnel et de la Comptabilité (a) ; ALEXANDRE, inspecteur général des Ponts et Chaussées ;
Postes et Télégraphes.	MM. ESTAUNIÉ, directeur du Matériel et de la Construction ; BAZILLE, ingénieur, chef de bureau à la même Direction ;
Ministère de l'Agriculture.	MM. CABARET, directeur du Secrétariat, du Personnel central et de la Comptabilité ; POCHET, inspecteur général de l'Hydraulique agricole ;
Ministère du Commerce et de l'Industrie.	MM. CORRA, chef de bureau à la Direction de l'Enseignement technique ; J. MARCADET, chef de bureau à la Direction du Personnel de la Marine marchande et des Transports ;
Ministère des Colonies.	MM. GOUTARD, inspecteur des Finances, directeur de la Comptabilité ; BOUTTEVILLE, inspecteur général des Travaux publics des Colonies ;
Ministère du Travail et de la Prévoyance sociale.	MM. Arthur FONTAINE, conseiller d'État, directeur du Travail ; BOULISSET, inspecteur divisionnaire du Travail.

(1) La Commission a été présidée par M. le conseiller d'État Colson, du 31 octobre 1908 au 16 janvier 1909, en l'absence de M. le premier président Laurent, chargé d'une mission à l'étranger.

(2) Délégation de la Fédération nationale du Bâtiment et des Travaux publics (séance du 21 novembre 1908),

Délégation de l'Union des industries métallurgiques et minières et des industries qui s'y rattachent (séance du 5 décembre 1908),

Délégation de la Société centrale des architectes (séance du 12 décembre 1908),

Délégation de la Chambre consultative des Associations ouvrières de production (séance du 16 janvier 1909),

Délégation des Syndicats ouvriers (séance du 16 janvier 1909). [MM. Victor, secrétaire de la Chambre syndicale des ouvriers de la maçonnerie, de la pierre et parties similaires du département de la Seine, et Déchiron, secrétaire du Syndicat des maçons des travaux d'art et d'assainissement, entendus le 16 janvier 1909, ont déclaré parler au nom des cinq syndicats ouvriers qui avaient été convoqués par la Commission.]

La Commission a aussi entendu, dans sa séance du 5 décembre 1908, M. l'ingénieur en chef Bechmann, directeur général du Chemin de fer métropolitain Nord-Sud.

(a) En remplacement de M. l'inspecteur général de Préaudeau (décret du 24 avril 1909).

Enfin, elle a discuté les résultats de l'enquête et arrêté les dispositions qu'elle croit devoir proposer à l'Administration.

Le présent rapport a pour objet de rendre compte des travaux de la Commission.

Il a été divisé en trois parties, savoir :

PREMIÈRE PARTIE.

EXPOSÉ DE LA SITUATION.

I. — INSUCCÈS DANS LES ADJUDICATIONS.

II. — VARIATIONS DES PRIX DES OUVRAGES.

 § 1. — *Salaires.*

 § 2. — *Matériaux.*

 § 3. — *Ouvrages.*

2ᵉ PARTIE.

EXAMEN DES OBSERVATIONS PRÉSENTÉES PAR LES INTÉRESSÉS.

I. — PASSATION DES MARCHÉS.

 § 1. — *Division en lots.*

 § 2. — *Mode de passation des marchés.*

 § 3. — *Dispositions relatives aux adjudications publiques.*

 § 4. — *Entente entre les entrepreneurs.*

II. — CLAUSES DES MARCHÉS.

 § 1. — *Dispositions insérées dans les cahiers des charges.*

 § 2. — *Application des dispositions insérées dans les cahiers des charges.*

 § 3. — *Dispositions insérées dans les cahiers des clauses et conditions générales.*

 § 4. — *Projet de revision du cahier des clauses et conditions générales élaboré par la Commission extraparlementaire de 1895* (1).

III. — AUGMENTATION DU PRIX DE LA MAIN-D'ŒUVRE.

 § 1. — *Prix de la vie.*

 § 2. — *Réglementation du travail.*

 § 3. — *Accidents du travail.*

 § 4. — *Réduction du rendement.*

3ᵉ PARTIE.

CONCLUSIONS.

(1) Cette Commission, dont les travaux sont plusieurs fois rappelés au cours de ce rapport, avait été instituée, par un décret du 12 octobre 1895 rendu sur la proposition du Ministre des Finances, en vue d'examiner les clauses et conditions des cahiers des charges des adjudications et marchés de l'État et de donner son avis sur les modifications à y apporter. Elle était présidée par M. le sénateur Boulanger, premier président de la Cour des Comptes.

PREMIÈRE PARTIE.

EXPOSÉ DE LA SITUATION.

1. — STATISTIQUE DES INSUCCÈS DANS LES ADJUDICATIONS.

§ 1. — Ministère des Travaux publics, des Postes et des Télégraphes.

a) *Administration des ponts et chaussées.*

L'Administration des ponts et chaussées a fait procéder dans tous les services à une enquête portant sur les insuccès survenus dans les adjudications du 1er janvier 1906 au 1er octobre 1908 et sur la suite donnée aux adjudications infructueuses.

Les résultats de cette enquête ont été résumés dans les deux tableaux ci-dessous :

TABLEAU N° 1.

STATISTIQUE DES INSUCCÈS.

DÉSIGNATION DES SERVICES.	ADJUDICATIONS.										OBSERVATIONS.
	AU-DESSOUS de 20,000 fr.		de 20,000 fr. à 100,000 fr.		de 100,000 fr. à 1,000,000 fr.		AU-DESSUS de 1,000,000 fr.		TOTAUX.		
	Nombre.	Insuccès.	Nombre.	Insuccès.	Nombre.	Insuccès.	Nombre.	Insuccès.	Nombre.	Insuccès.	
MÉTROPOLE.											
Services ordinaires.....	1,270	242 (19 o/o)	509	74 (16.5 o/o)	100	18 (18 o/o)	13	4 (30 o/o)	(1)1,892	340 (18 o/o)	(1) Dont 17 adjudications restreintes.
Services spéciaux.....	101	8 (8 o/o)	158	38 (24 o/o)	80	10 (12.5 o/o)	22	9 (41 o/o)	(2) 361	65 (18 o/o)	(2) Dont 13 adjudications restreintes.
Totaux......	1,371	250 (18,2 o/o)	667	112 (16.8 o/o)	180	28 (15.5 o/o)	35	13 (37 o/o)	2,253	405 (18 o/o)	
ALGÉRIE.											
Services divers........	89	4 (4.5 o/o)	107	3 (3 o/o)	28	1 (3.9 o/o)	4	3 (75 o/o)	(3) 228	11 (4.8 o/o)	(3) Dont 3 adjudications restreintes.
RÉCAPITULATION.											
Totaux généraux et moyennes..	1,460	254 (17.4 o/o)	774	115 (14.8 o/o)	208	29 (14 o/o)	39	16 (41 o/o)	2,481	416 (16.7 o/o)	

NOTA. — Un certain nombre de services spéciaux étant annexés à des services ordinaires, la répartition ci-dessus entre les adjudications afférentes aux services spéciaux et celles afférentes aux services ordinaires n'est pas tout à fait exacte.

TABLEAU N° 2.

SUITE DONNÉE AUX ADJUDICATIONS INFRUCTUEUSES.

DÉSIGNATION DES SERVICES.	NOMBRE TOTAL des adjudications infructueuses.	RÉADJUDICATIONS.		RABAIS MOYEN sur les prix majorés.	MARCHÉS DE GRÉ À GRÉ.		EXÉCUTION EN RÉGIE. Nombre.	OBSERVATIONS.
		Nombre.	APRÈS majoration des prix (en moyenne) de o/o.		Nombre.	Augmentation (moyenne) sur les prix du projet.		
1	2	3	4	5	6	7	8	9
MÉTROPOLE.								(1) Dont 25 lots après réadjudication infructueuse et 16 lots après majoration des prix ou modification du devis. (2) Dont 2 lots après réadjudication infructueuse.
Services ordinaires........	(a) 337	130 (39 o/o)	10.3 0/0	1.8 0/0	(1) 166 (49 o/o)	0.7 0/0	41 (12 o/o)	
Services spéciaux...........	(a) 60	27 (45 o/o)	15.3 0/0	5.2 0/0	(2) 32 (53 o/o)	2.4 0/0	1 2 o/o	
Totaux.............	(a) 397	157 (40 o/o)	11.1 0/0	2.4 0/0	198 (50 o/o)	1 0/0	42 (10 o/o)	
ALGÉRIE.								(3) Dont 1 lot après réadjudication infructueuse.
Services divers............	12	4 (33 o/o)	14 0/0	2.8 0/0	(3) 5 (42 o/o)	2.8 0/0	3 (25 o/o)	
RÉCAPITULATION.								
Totaux généraux et moyennes......	(a) 409	161 (39 o/o)	11.2 0/0	2.4 0/0	203 (50 o/o)	1 0/0	45 (11 o/o)	

(a) L'écart entre ces chiffres et ceux du tableau n° 1 résulte de ce que quelques adjudications infructueuses n'ont pas encore eu de suite et de ce que l'on a constaté quelques discordances dans les tableaux fournis par les chefs de service.
Les chiffres inscrits dans les colonnes 4, 5 et 7 sont des moyennes approximatives calculées sans tenir compte de l'importance relative des lots de travaux.

Il ressort du tableau n° 1 que sur 2,481 adjudications, le nombre des insuccès a été de 416, soit de 16.7 p. 100. La proportion des insuccès n'est considérable que pour les travaux évalués à 1,000,000 francs et au-dessus, c'est-à-dire pour les grosses entreprises ; elle atteint 41 p. 100 (16 insuccès sur 39 adjudications). Pour les entreprises de moindre importance, et notamment pour les entreprises *d'entretien*, qui sont de beaucoup les plus nombreuses, les ingénieurs attribuent une partie des insuccès au nombre restreint de petits entrepreneurs que l'on rencontre généralement dans le voisinage des travaux (1); les bénéfices à espérer ne sont d'ailleurs pas suffisants pour tenter un entrepreneur dont la résidence serait éloignée.

Le tableau n° 2 montre que dans 203 cas, sur 409 insuccès, on a pu traiter de gré à gré, après une majoration insignifiante (1 p. 100 en moyenne) des prix de base de l'adjudication.

Sur ces 203 marchés de gré à gré, 178 ont été passés après l'adjudication sans majoration des prix, et 25 après une nouvelle tentative infructueuse d'adjudication. Si l'on tient compte des 178 marchés de gré à gré passés immédiatement, on voit qu'en somme, 2,243 lots de travaux ou de fournitures sur 2,481 (environ 90 p. 100.), ont été soumissionnés, soit aux prix du projet, soit avec un certain rabais.

Ce résultat semble indiquer que la crise signalée par l'Administration des Travaux publics n'est pas aussi intense qu'on aurait été tenté de le penser, en ne considérant que les mécomptes graves auxquels ont donné lieu coup sur coup diverses adjudications importantes, notamment celles de plusieurs lots des travaux du Canal du Nord, des travaux du port de Saint-Nazaire et des travaux des tunnels des chemins de fer transpyrénéens.

b) Administration des Postes et Télégraphes.

Les résultats des adjudications passées par l'Administration des Postes et Télégraphes au cours des années 1906, 1907 et des 9 premiers mois de 1908 sont résumés dans les deux tableaux ci-après :

TABLEAU N° 3.

ANNÉES.	NOMBRE DES LOTS mis en adjudication.	INSUCCÈS.		OBSERVATIONS.
		NOMBRE (+).	POURCENTAGE.	
1906.	186	27	14.6 0/0	(+) Les offres étaient supérieures aux maxima arrêtés avant les adjudications.
1907.	192	31	16.5 0/0	
1908 (9 premiers mois).	224	65	29 0/0	
Totaux et moyenne. . .	602	123	20.4 0/0	

---

(1) On signale de divers côtés la diminution du nombre des petits entrepreneurs et on l'attribue aux charges nouvelles qui pèsent sur les entreprises.

TABLEAU N° 4.

DÉSIGNATION des MARCHANDISES.	NOMBRE DES LOTS mis en adjudication.	VALEUR APPROXIMATIVE.	POURCENTAGE des INSUCCÈS.	OBSERVATIONS.
Câbles....................	175	15,360,500ᶠ	20 0/0	
Dispositifs de raccordement..	10	1,015,000	30 0/0	
Fil de bronze et de cuivre...	94	19,220,000	8.5 0/0	
Fil de fer.................	16	705,000	12.5 0/0	
Ferrures..................	150	7,460,000	14.6 0/0	
Poteaux..................	90	5,935,000	42.2 0/0	
Isolateurs................	52	1,745,000	9.5 0/0	
Fil bimétallique...........	15	1,626,000	6.7 0/0	
TOTAUX ET MOYENNE...	602	53,066,500	20.4 0/0	

Des 123 lots non adjugés, 50 ont fait ultérieurement l'objet de traités par concours à des prix inférieurs aux maxima.

Il est à signaler, en passant, qu'à la suite de l'incendie du bureau central téléphonique de Gutenberg, l'Administration des Postes et Télégraphes a obtenu des conditions très avantageuses pour d'importantes fournitures dont les prix ont été débattus et fixés *de gré à gré* (septembre et octobre 1908). Les prix de câbles téléphoniques de divers modèles ont été inférieurs de 36 à 53 p. 100 à ceux que l'Administration avait payés quelques mois auparavant (mai 1908), les cours des matières premières entrant dans la composition des câbles étant sensiblement les mêmes.

On remarquera que le nombre des insuccès a été proportionnellement plus grand en 1908 que dans les années antérieures. Les lots relatifs à une même fourniture ayant une consistance analogue, on ne saurait attribuer cette augmentation à une différence dans l'importance des lots.

---

§ 2. — **Ministère de l'Intérieur.**

Service vicinal.

Le service de la vicinalité a procédé à une enquête partielle qui a porté sur les travaux de chemins de grande communication et d'intérêt commun et sur ceux des chemins vicinaux ordinaires subventionnés par l'État dans 28 départements (1) et, comme celle du Ministère des Travaux publics, des Postes et des Télégraphes, sur la période comprise entre le 1er janvier 1906 et le 1er octobre 1908.

Les résultats de cette enquête ont été résumés ci-après :

TABLEAU N° 5.

DÉSIGNATION DES LOTS. d'adjudication.	NOMBRE des ADJUDICATIONS.	INSUCCÈS.		OBSERVATIONS.
		NOMBRE.	PROPORTION o/o.	
Au-dessous de 20,000 francs.	3,149	441	14	
De 20,000 à 100,000 francs.	204	33	16.1	
De 100,000 à 1,000,000 de francs	8	3	37.5	
Totaux et moyenne.....	3,361	477	14.1	

Certains lots non adjugés ayant été groupés, leur montant total s'est réduit de 477 à 445. Le tableau ci-dessous indique la suite donnée aux adjudications infructueuses :

TABLEAU N° 6.

NOMBRE TOTAL des ADJUDICATIONS infructueuses.	RÉADJUDICATIONS.			MARCHÉS DE GRÉ À GRÉ.		EXÉCUTION en régie. — Nombre.
	NOMBRE.	APRÈS majoration des prix en moyenne de p. 100.	RABAIS moyen sur les prix majorés.	Nombre.	Augmentation (moyenne) sur les prix du projet.	
445	136	11 p. 100.	1,2 p. 100	233	1,5 p. 100.	76
Proportion.........	30,5 p.100	"	"	52,5 p.100	"	17 p. 100.

On remarquera la grande analogie des résultats ci-dessus avec ceux constatés pour les adjudications des ponts et chaussées. La proportion des insuccès n'a été considérable (41 p. 100 — 37,5 p. 100) que pour les lots relativement importants (au-dessus de 1,000,000 de francs pour le service des ponts et chaussées, au-dessus de 100,000 pour le service vicinal).

---

(1) Alpes-Maritimes, Ardèche, Ardennes, Aube, Basses-Pyrénées, Calvados, Cantal, Charente, Côtes-du-Nord, Gironde, Haute-Garonne, Haute-Savoie, Indre-et-Loire, Isère, Jura, Loiret, Lot-et-Garonne, Manche, Meurthe-et-Moselle, Nord, Orne, Pas-de-Calais, Sarthe, Seine-et-Marne, Saône-et-Loire, Tarn, Vendée, Vosges.

Dans les deux services, la solution du marché de gré à gré (qui a conduit à de faibles augmentations des prix primitifs, 1 p. 100 et 1,5 p. 100), a été adoptée pour la moitié environ des lots ayant donné lieu à des insuccès; les réadjudications (39 p. 100, 33,5 p. 100) ont conduit à des majorations de prix respectives de 9 p. 100 et 10 p. 100 environ.

---

§ 3. — **Ministère de la Guerre.**

Dans le service du Génie, il n'est pas établi de bordereau de prix spécial pour chaque projet; l'estimation est faite au moyen des prix *d'une série* arrêtée par le Ministre pour chaque Direction du Génie; le rabais porte sur les prix de cette série. Généralement, un minimum de rabais est fixé pour chaque lot d'adjudication.

Les résultats des adjudications de lots de travaux d'une valeur supérieure à 100,000 francs ont été les suivants en 1906-07-08:

TABLEAU N° 7.

ANNÉES.	NOMBRE DES LOTS mis en adjudication.	INSUCCÈS [1]		OBSERVATIONS.
		NOMBRE.	POURCENTAGE.	
1906................	35	2	6 p. 100	[1] Il a été présenté des soumissions pour tous les lots, mais les prix demandés étaient supérieurs aux maxima fixés.
1907................	33	9	28 p. 100	
1908................	32	3	10 p. 100	
Totaux et moyenne.	100	14	14 p. 100	

A la suite des 14 adjudications infructueuses, il a été passé des marchés de gré à gré; les conditions obtenues sont résumées ci-dessous :

TABLEAU N° 8.

ANNÉES.	NOMBRE des INSUCCÈS.	RABAIS OU SURENCHÈRES MOYENS [1].		OBSERVATIONS.
		Adjudications infructueuses.	Marchés de gré à gré après adjudication.	
1906...............	2	+ 5 p. 100.	— 2 p. 100	[1] Les rabais (par rapport aux prix de la série) sont précédés du signe — et les surenchères du signe +.
1907...............	9	+ 17,7 p. 100	— 0,3 p. 100	
1908...............	3	— 2 p. 100	— 4 p. 100	
Totaux et moyenne.	14	+ 7,8 p. 100	— 1,3 p. 100	

§ 4. — **Ministère de la Marine.**

a) *Génie maritime.*

La Marine n'a pas constaté, au cours de ces dernières années, une augmentation de la proportion des insuccès dans les adjudications. D'ailleurs, il est bien rare que le prix minimum soit fixé à l'avance; après l'adjudication, le prix obtenu est mis en comparaison avec les prix de récentes fournitures analogues, en tenant compte des cours commerciaux du moment. Le marché n'est définitivement approuvé que si ce rapprochement fait apparaître comme normal le prix soumissionné.

b) *Travaux hydrauliques de la Marine.*

Le service des travaux hydrauliques n'a également constaté aucune augmentation dans la proportion des insuccès. On n'en signale qu'un seul dans ces dernières années (Cherbourg 1907), et encore un marché de gré à gré a-t-il pu être conclu à des conditions analogues à celles qui avaient servi de base à l'adjudication.

---

§ 5. — **Ministère des Finances.**

Manufactures de l'État.

Aucun insuccès n'a été relevé depuis dix ans (1898-1907) dans les adjudications de *travaux de bâtiments* des Manufactures de l'État.

Ces adjudications ont porté en totalité sur 104 lots d'une valeur totale de 8 millions environ; de ces 104 lots, 44 d'une valeur totale de 2,453,203 fr. ont été soumissionnés en 1906 et 1907 avec des rabais moyens de 14 fr. 09 et 5 fr. 98 p. 100.

Pour l'acquisition de tabacs en feuilles exotiques (valeur totale des tabacs achetés depuis 1898, 258,856,821 francs), on procède partie par voie d'adjudication, partie par voie de marché de gré à gré (la proportion des marchés de *gré à gré* par rapport au nombre total des marchés s'est élevés à 31,7 p. 100 en 1898, à 94,5 p. 100 en 1906 et 98,3 p. 100 en 1908; elle a été *en moyenne* de 64,6 p. 100 depuis 1898). Les adjudications n'ont d'ailleurs donné lieu à aucun insuccès dans ces dernières années.

Il n'en est pas de même des adjudications de *fournitures diverses* (métaux, bois, combustible, épicerie, fournitures de bureau, etc...). Les résultats de ces adjudications ont été les suivants :

TABLEAU N° 9.

LOTS DE FOURNITURES DE MOINS DE 100,000 FRANCS.

(2,151 lots pour 11,157,000 francs, soit en moyenne 5,187 francs par lot.)

ANNÉES.	1898.	1899.	1900.	1901.	1902.	1903.	1904.	1905.	1906.	1907.	TOTAUX et MOYENNE.
Nombre des lots mis en adjudication.	213	215	230	224	228	220	210	199	208	204	2,151
Insuccès. { Nombre.	23	22	32	33	20	17	21	21	23	31	(1) 243
Insuccès. { Pour cent.	14.8	10.3	13.9	13.2	8.8	7.8	10.0	10.6	11.1	15.3	11.2

(1) Dont 127 pour lesquels il n'y a pas eu de soumission, 93 pour lesquels il n'y a pas eu dépassement des maxima, et 23 pour lesquels les soumissions étaient irrégulières et ont été annulées.

TABLEAU N° 10.

LOTS DE FOURNITURES DE PLUS DE 100,000 FRANCS.

(79 lots pour 26,700,000 francs, soit, en moyenne 338,000 francs par lot.)

ANNÉES.	1898.	1899.	1900.	1901.	1902.	1903.	1904.	1905.	1906.	1907.	TOTAUX et MOYENNE.
Nombre des lots mis en adjudication.	8	8	9	6	5	11	6	8	8	10	79
Insuccès. { Nombre.	1	"	4	"	"	1	1	1	2	3	13
Insuccès. { Pour cent.	13.5	"	44.5	"	"	9.1	16.7	12.5	25.0	30.0	16.5

La proportion des insuccès n'a augmenté sérieusement en 1906 et 1907 que pour les adjudications importantes. Les insuccès portent d'ailleurs, pour les adjudications de cette nature, sur un nombre de lots trop restreint (8-10) pour qu'on puisse tirer une conclusion certaine des résultats constatés.

---

§ 6. — **Ministère de l'Instruction publique et des Beaux-Arts.**

Services d'architecture.

Les adjudications de travaux des services d'architecture ont pour base la série de prix « des bâtiments civils » dont la dernière édition date de 1900.

Cette série de prix, comme toutes les séries analogues en usage dans « le bâtiment », comporte des prix relativement élevés, établis en vue des ouvrages exécutés en *petite quantité* (soit qu'il s'agisse de menues réparations, soit qu'il s'agisse de travaux particuliers de faible importance); ils permettent de consentir des rabais considérables pour les entreprises de grands travaux ou les entreprises d'entretien d'un certain nombre de bâtiments pendant plusieurs années.

Aussi s'explique-t-on facilement que les adjudications de l'Administration des bâtiments civils n'aient donné lieu depuis 1900 à aucun insuccès.

En résumé si, au cours des dernières années, la proportion des insuccès qui se sont produits dans les adjudications passées par certaines Administrations de l'État, a été supérieure à celle des années antérieures, elle n'a eu rien d'anormal dans les autres; les adjudications des fournitures ou travaux importants ont d'ailleurs seules donné lieu à des mécomptes sérieux.

Il convient de remarquer que, sauf le cas de circonstances exceptionnelles, on trouve des soumissionnaires quand les prix de base sont suffisamment élevés et que, par conséquent, les insuccès peuvent être évités. Leur nombre ne saurait donc fournir une mesure de l'intensité de la crise signalée par M. le Ministre des Travaux publics, des Postes et des Télégraphes. C'est dans la hausse des prix des ouvrages qu'il faut chercher des indications sur la situation à laquelle on voudrait porter remède.

II. — VARIATIONS DES PRIX DES OUVRAGES.

Le prix des ouvrages dépend, sinon exclusivement, du moins pour une grande partie, des prix des matières premières et de la main-d'œuvre. Aussi, avant de résumer les renseignements recueillis quant à l'augmentation du prix des travaux et des fournitures qui ont fait l'objet de marchés dans les diverses Administrations de l'État, n'est-il pas inutile d'indiquer les variations survenues dans le taux des salaires et le prix des marchandises depuis un certain nombre d'années.

---

§ 1. — **Variations du taux des salaires.**

On trouve dans l'Annuaire statistique de 1907, publié par le Ministère du Travail et de la Prévoyance sociale, le tableau de la variation à Paris, de 1853 à 1907, des salaires correspondant à certaines professions (au nombre de onze).

Ci-dessous un extrait de ce tableau, portant sur les années 1852-1907.

TABLEAU N° 11.

ANNÉES.	MAÇONS.	TAIL-LEURS de pierre.	RAVA-LEURS.	GARÇONS MAÇONS.	COU-VREURS.	GARÇONS COU-VREURS.	CHARPEN-TIERS.	MENUI-SIERS.	FORGE-RONS (petite forge).	HOMMES de peine (serru-riers).	TERRAS-SIERS.
	1	2	3	4	5	6	7	8	9	10	11
	fr. c.	fr. c.	fr. c.	fr. c.	fr. c.	fr. c.	fr. c.	fr. c.	fr. c.	fr. c.	fr. c.
1852	0 425	0 425	0 50	0 26	0 675	0 40	0 50	0 35	0 50	0 225	0 275
1856	0 525	0 55	0 70	0 275	0 70	0 45	0 50	0 385	0 55	0 30	0 30
1862	0 525	0 55	0 70	0 335	0 70	0 45	0 60	0 45	0 65	0 35	0 40
1873	0 55	0 55	0 75	0 35	0 75	0 50	0 60	0 50	0 70	0 40	0 40
1880	0 75	0 75	1 00	0 50	0 85	0 55	0 80	0 70	0 775	0 50	0 55
1900	0 80	0 85	1 10	0 50	0 85	0 55	0 90	0 70	0 80	0 525	0 55
1906	0 80	0 85	1 14	0 525	0 92	0 63	0 90	0 80	0 80	0 60	0 60
1907	0 80	0 85	1 14	0 525	0 92	0 63	0 90	0 80	0 80	0 60	0 60

On déduit du tableau ci-dessus, la progression du salaire moyen correspondant aux professions considérées :

TABLEAU N° 12.

ANNÉES.	MOYENNE DES SALAIRES (à l'heure) à Paris (1).	INDICES PAR RAPPORT à 1900.	OBSERVATIONS.
	fr. c.		
1852	0 41	55	(1) Ces chiffres sont les moyennes des onze chiffres correspondants du tableau ci-dessus.
1855	0 48	65	
1862	0 52	70	
1873	0 55	74	
1880	0 72	97	
1900	0 74	100	
1906	0 78	105	
1907	0 78	105	

Les chiffres des tableaux qui précèdent ont été empruntés pour la période 1860-1880 aux séries de prix Morisot et Morel et à la série officielle de la ville de Paris (1), et, à partir de 1900, aux bordereaux des salaires normaux dressés en exécution des décrets du 10 août 1899.

Les prix de la série officielle de la ville de Paris de 1882, n'ont pas été tous immédiatement appliqués; les salaires payés aux ouvriers sont restés inférieurs aux prix de la série jusqu'à la période des grèves de 1898 et du

(1) Cette série, qui date de 1872, a été établie, puis revisée tous les deux ans, par une Commission présidée par le Directeur des Travaux de Paris et composée de 4 architectes, 4 ingénieurs, 4 vérificateurs, 4 entrepreneurs désignés par les Chambres syndicales et 4 ouvriers désignés par les Conseils de prud'hommes. La plupart des Chambres syndicales patronales ont refusé de participer à la revision de 1882, *la dernière qui ait été faite,* en raison de ce qu'elles considéraient que les prix de la série de 1880 devaient être maintenus; les prix des salaires ont néanmoins été notablement majorés par la Commission.

commencement des travaux du Métropolitain. Aussi n'y a-t-il pas concordance absolument complète pour certaines professions entre le taux des salaires indiqués par l'Annuaire statistique du Ministère du Travail et ceux portés dans la série de prix publiée par la Société centrale des Architectes français. Cette série, qui a paru tous les deux ans depuis 1883, serait établie d'après les prix réellement payés aussi bien pour la main-d'œuvre que pour les matériaux.

Le chiffres suivants en ont été extraits :

TABLEAU N° 13.

ANNÉES.	MAÇONS.	RAVA-LEURS.	GARÇONS MAÇONS.	CHARPEN-TIERS.	MENUI-SIERS.	FORGERONS (petite forge).	HOMMES DE PEINE (ser-ruriers).	TERRAS-SIERS.	PAVEURS.	PEINTRES.
	fr. c.	fr. c.	fr. c.	fr. c.	fr. c.	fr. c.	fr. c.	fr. c.	fr. c.	fr. c.
1883	0 80	1 20	0 50	0 80	0 70	0 725	0 55	0 60	0 70	0 75
1885	0 775	1 00	0 50	0 80	0 70	0 70	0 525	0 55	0 70	0 75
1887	0 75	1 00	0 475	0 80	0 70	0 70	0 525	0 55	0 70	0 75
1890	0 75	1 00	0 475	0 80	0 70	0 70	0 525	0 55	0 70	0 75
1897	0 75	1 00	0 475	0 80	0 70	0 70	0 525	0 60	0 70	0 75
1901	0 75	1 00	0 475	0 90	0 70	0 70	0 525	0 60	0 70	0 75
1903	0 75	1 00	0 475	0 90	0 70	0 70	0 525	0 60	0 75	0 75
1905	0 75	1 00	0 475	0 90	0 75	0 70	0 525	0 60	0 75	0 75
1907	0 80	1 20	0 525	1 00	0 75	0 85	0 55	0 60	0 75	0 85
1909	0 90	1 30	0 60	1 00	0 80	0 85	0 55	0 65	0 75	0 85

On a déduit du tableau ci-dessus, comme on l'avait fait pour les salaires de la période 1852-1907 donnés par l'annuaire statistique, la progression du salaire moyen correspondant aux dix professions considérées.

TABLEAU N° 14.

ANNÉES.	MOYENNE DES SALAIRES à l'heure (Paris).	INDICES PAR RAPPORT à 1901.	OBSERVATIONS.
	fr. c.		
1883	0 73	103	
1885	0 70	98,5	
1887	0 695	98	
1890	0 695	98	
1895	0 695	98	
1897	0 695	98	
1899	0 70	98,5	
1901	0 71	100	
1903	0 71	100	
1905	0 71	100	
1907	0 79	111	
1909	0 825	116	

Les deux tableaux 12 et 14 sont traduits en un diagramme qui fait nettement ressortir les deux ressauts brusques constatés dans le taux des salaires

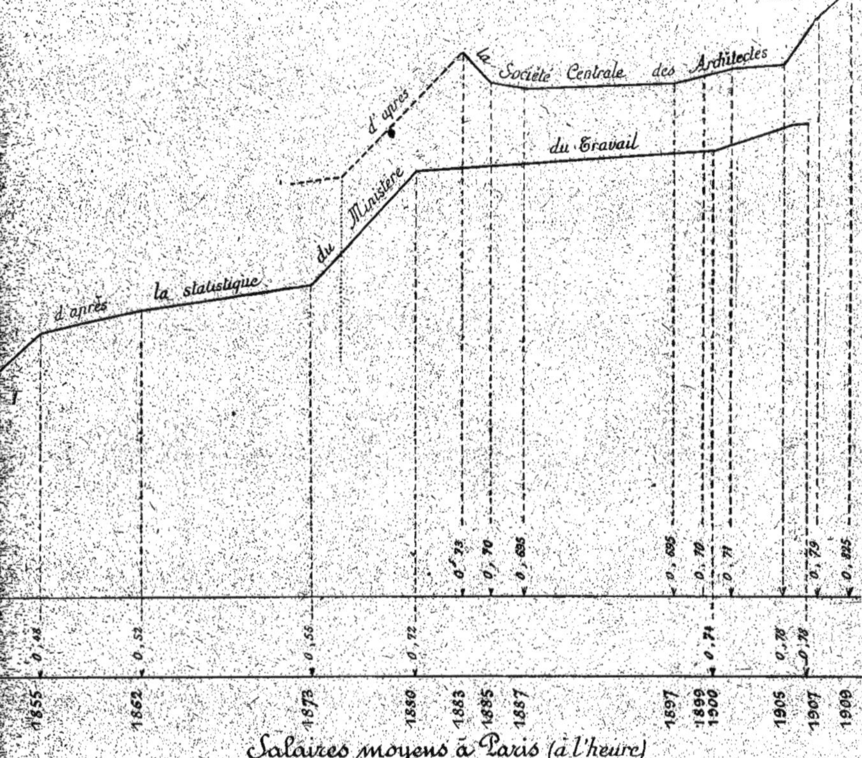

à Paris, depuis une trentaine d'années, l'un entre 1875 et 1880, l'autre dans les trois dernières années 1906-1908.

Pour la province, l'Annuaire statistique publié par le Ministère du Travail, donne, pour la période comprise entre 1853 et 1906, la moyenne des salaires journaliers correspondant à certaines professions au nombre de neuf (1), dans les chef-lieux de département.

Les indications de ce tableau sont résumées ci-dessous :

---

(1) Sellier, cordonnier, charron, charpentier, maréchal-ferrant, plombier, terrassier, maçon, peintre.

TABLEAU N° 15.

ANNÉES.	MOYENNE DES SALAIRES journaliers. (Province.)	INDICES PAR RAPPORT à 1901.	OBSERVATIONS.
1853....................	2ᶠ 00ᶜ	49	
1874....................	3 02	75	
1892....................	3 83	95	
1896....................	3 91	97	
1901....................	4 03	100	
1906....................	4 20	104	

On voit que la progression du taux des salaires en province a suivi de près celle du taux des salaires à Paris jusqu'en 1906.

La Commission a cru utile de compléter pour la province les renseignements qui précèdent, en faisant une enquête sur les salaires payés depuis une vingtaine d'années par les diverses administrations de l'État à certaines catégories d'ouvriers pour lesquelles la nature du travail n'a subi aucune modification.

L'Administration des Ponts et Chaussées a pu donner des chiffres très comparables en remontant jusqu'en 1890, en ce qui concerne les cantonniers et les ouvriers auxiliaires employés pour l'entretien des routes et des quais, et en ce qui concerne les ouvriers (maçons, charpentiers, terrassiers) employés en régie aux travaux d'entretien des ouvrages des routes, rivières, canaux et ports maritimes.

Les renseignements émanant des services ordinaires, des services de navigation intérieure et des services maritimes, sont résumés dans les deux tableaux ci-après :

TABLEAU N° 16.

PRIX MOYEN DE LA JOURNÉE DE TRAVAIL.

	CANTONNIERS DE 2ᵉ CLASSE.				OUVRIERS AUXILIAIRES.			
	1890.	1900.	1905.	1908.	1890.	1900.	1905.	1908.
Services des routes nationales............	2ᶠ 27	2ᶠ 42	2ᶠ 58	2ᶠ 63	2ᶠ 46	2ᶠ 64	2ᶠ 80	2ᶠ 99
Services de navigation intérieure et maritime....................	2 85	2 98	3 12	3 23	3 20	3 42	3 62	3 79
MOYENNE (1)......	2 35	2 49	2 65	2 71	2 56	2 75	2 92	3 10
Indices par rapport à 1900............	94	100	106	109	93	100	106	113

(1) Les moyennes ont été calculées en tenant compte du nombre des divers services.

TABLEAU N° 17.

PRIX MOYEN DE LA JOURNÉE DE TRAVAIL.

SERVICES.	TERRASSIERS.				MAÇONS.				CHARPENTIERS.			
	1890.	1900.	1905.	1908.	1890.	1900.	1905.	1908.	1890.	1900.	1905.	1908.
Routes nationales.	2ᶠ83	3ᶠ05	3ᶠ25	3ᶠ53	4ᶠ16	4ᶠ49	4ᶠ82	5ᶠ18	4ᶠ64	4ᶠ95	5ᶠ24	5ᶠ52
Rivières.	3 02	3 20	3 39	3 65	4 35	4 64	4 98	5 11	4 83	5 07	5 31	5 63
Canaux.	3 17	3 36	3 61	3 80	4 79	5 12	5 47	5 78	5 07	5 38	5 64	5 95
Ports maritimes.	3 04	3 23	3 40	3 58	4 25	4 45	4 66	4 98	4 70	4 94	5 15	5 44
Moyenne (1).	2 98	3 18	3 38	3 62	4 33	4 62	4 92	5 22	4 77	5 05	5 30	5 60
Indices par rapport à 1900.	94	100	106	114	94	100	106	113	94	100	105	111

(1) Les moyennes ont été calculées en tenant compte du nombre des divers services.

La progression des salaires a été d'environ 15 p. 100 pour les cantonniers et a varié de 17 à 20 p. 100 pour les autres ouvriers qui, pour la plupart, ne sont pas, comme ces derniers, employés par l'Administration des Ponts et Chaussées pendant toute l'année.

Le Ministère de l'Intérieur (Service vicinal) emploie peu d'ouvriers en régie, en dehors des cantonniers; dans les 28 départements ci-dessus désignés (page 8), l'augmentation moyenne de leur salaire a été, de 1880 à 1907, d'environ 23 p. 100.

Les Services des Ateliers de la Guerre et de la Marine n'ont pu fournir des renseignements certains quant à la progression du taux des salaires des ouvriers qui y sont employés.

Pour la Guerre, les feuilles de paye qu'il faudrait dépouiller pour s'en rendre compte ne sont conservées que pendant cinq ans; d'ailleurs, la plupart des ouvriers, y compris les manœuvres, sont payés, toutes les fois qu'il est possible, d'après le travail exécuté et non pas à l'heure ou à la journée.

Dans les arsenaux de la Marine, l'ancienneté des services est le principal facteur servant de base au salaire; les ouvriers des diverses professions sont, à ancienneté égale, payés au même prix, sauf les manœuvres qui reçoivent un franc de moins que les ouvriers des spécialités. Il résulte de là que le taux moyen des salaires payés dans un même arsenal dépend surtout de la proportion (plus ou moins grande suivant les périodes) des ouvriers jeunes par rapport aux ouvriers âgés; les variations de ce taux moyen ne peuvent, par suite, donner une indication sérieuse sur celle du salaire des ouvriers de même catégorie appartenant à la même profession.

L'Administration des Manufactures de l'État se trouve, comme celles de la Guerre et de la Marine, dans l'impossibilité de déterminer avec certitude les variations des salaires des ouvriers des diverses professions, attendu que les salaires augmentent en général avec l'âge ou la durée des services. Mais, eu égard à la composition à peu près constante du personnel d'une même manufacture, on a pu obtenir la loi de progression des salaires avec suffisamment d'exactitude en comparant, par manufacture, les salaires moyens annuels.

Les résultats de la comparaison (pour les hommes seulement [1]) sont résumés ci-après :

TABLEAU N° 18.

SALAIRES MOYENS JOURNALIERS (HOMMES) POUR L'ENSEMBLE DES OUVRIERS D'UNE MÊME MANUFACTURE.

ANNÉES.	PARIS.		DÉPARTEMENTS.							OBSERVATIONS.
	ISSY.	PANTIN.	BORDEAUX.	DIEPPE.	DIJON.	LE HAVRE.	LE MANS.	MORLAIX.	TONNEINS.	
1880......	5f 19c	4f 78c	4f 29c	4f 09c	4f 39c	4f 87c	3f 89c	3f 25c	3f 94c	À partir de 1882, l'État a pris à sa charge un versement de 4 p. 100 des salaires à la Caisse des retraites.
1885......	5 49	5 64	4 61	4 33	4 16	5 01	4 35	3 52	3 91	
1890......	5 61	5 61	4 85	4 45	4 75	5 07	4 27	3 78	4 35	
1895......	6 20	6 18	5 27	4 78	5 10	5 40	4 90	3 79	4 67	
1900......	6 59	6 35	5 69	4 95	5 65	5 67	5 14	4 14	4 70	
1905......	7 23	6 91	5 95	5 14	6 06	5 63	5 39	4 58	5 20	
1906......	7 77	7 14	6 32	5 40	6 21	5 95	5 60	4 68	5 35	À partir de 1906, la journée a été réduite de dix heures à neuf heures sans modification du salaire quotidien.
1907......	7 86	7 75	6 35	5 64	6 16	6 27	5 91	5 05	5 49	
1908......	8 08	7 81	6 36	5 86	6 33	6 40	6 08	5 02	5 63	
Augmentation de 1880 à 1908,....	56 p. 100.	63 p. 100.	48 p. 100.	43 p. 100.	44 p. 100.	31 p. 100.	56 p. 100.	54 p. 100.	43 p. 100.	
	59.5 p. 100.		45.5 p. 100.							

L'augmentation a été de 59.5 p. 100 dans les manufactures de Paris et de 45.5 p. 100 dans celles de province depuis 1880; depuis 1890, les augmentations ressortent respectivement à 41.6 p. 100 et 30.8 p. 100 et la progression a d'ailleurs été à peu près régulière, contrairement à ce qui s'est produit pour les ouvriers du bâtiment et des travaux publics.

De leur côté, l'Union des industries métallurgiques et minières et le Syndicat des entrepreneurs de travaux publics de France ont procédé auprès

---

[1] Pour les femmes, la progression a été à peu près double de celle constatée pour les hommes (130 p. 100 à Paris et 103 p. 100 en province de 1880 à 1908).

de leurs adhérents à une enquête sur l'augmentation du taux des salaires
depuis une dizaine d'années et en ont communiqué les résultats à la Commission.

Pour l'ensemble des industries du fer, cette augmentation serait de 12 à 15 p. 100; elle atteindrait 21 et 24 p. 100 pour la région du Nord et pour Paris.

Hauts fournaux, fonderies, aciéries, laminoirs :

Région du Nord, 14 p. 100;
Région de l'Est, 15 p. 100;
Région du Centre, 16 p. 100;
Région de l'Ouest, 10 à 12 p. 100;

Ateliers de construction :

Paris, 24 p. 100;
Région du Nord, 21 p. 100;
Région de l'Ouest, 15 à 20 p. 100;
Région du Midi, 8 p. 100.

Pour les travaux publics, le Syndicat évalue l'augmentation moyenne générale à 40 p. 0/0 environ, soit à 50 p. 100 pour Paris et 35 p. 100, pour la province.

Terrassiers, 39 p. 100;
Mineurs, 37 p. 100;
Charpentiers, 37 p. 100;
Tubistes, 62,5 p. 100;
Maçons, 40 p. 100;
Aides-maçons et manœuvres, 38,5 p. 100;
Mousses, 50 p. 100.

Il est fort difficile de déduire avec une certitude complète, des divers renseignements recueillis par la Commission, un chiffre d'augmentation moyen des salaires depuis une vingtaine d'années; il semble cependant qu'on ne serait pas éloigné de la vérité en admettant que cette augmentation a été de 15 à 20 p. 100 pour les ouvriers dont il est fait emploi dans les travaux publics.

———

§ 2. — Variations des prix des matières premières et des matériaux de construction.

L'Annuaire statistique publié par le Ministère du Travail et de la Prévoyance sociale donne des renseignements génénéraux sur les variations des prix des marchandises depuis 1857. Du tableau inséré dans l'Annuaire de 1907 sont extraits les chiffres ci-après :

TABLEAU N° 19.

Nombre indices calculés : Pour le *Royaume-Uni*, d'après les tableaux de M. Sauerbeck pour 45 articles (*Journal of the Royal Statistical Society*); pour *Hambourg*, à l'aide des prix à l'importation de 28 articles jusqu'en 1888, de 42 articles depuis 1889 (*Hamburgs Handel und Schiffart*); pour *la France* à l'aide des prix à l'importation de 43 articles fixés par la Commission des valeurs en douane.

On a supposé égal à 100 l'indice qui correspond à la période 1891-1900.

ANNÉES.	OBJETS D'ALIMENTATION.			MATIÈRES DIVERSES.			ENSEMBLE.		
	ROYAUME-UNI.	HAMBOURG.	FRANCE (importation).	ROYAUME-UNI.	HAMBOURG.	FRANCE (importation).	ROYAUME-UNI.	HAMBOURG.	FRANCE (importation).
1870	137	129	128	152	138	146	145	135	137
1875	147	136	124	143	139	147	145	138	136
1880	137	129	129	129	128	125	132	128	126
1885	109	104	106	108	111	107	108	108	106
1890	107	103	103	109	116	114	108	111	109
1895	95	95	96	93	94	92	94	94	94
1900	101	103	98	122	118	121	113	113	110
1901	99	101	100	111	124	111	106	115	106
1902	99	98	99	110	106	109	105	103	104
1903	98	96	100	110	107	109	105	103	105
1904	99	96	98	111	106	110	106	102	104
1905	102	96	105	115	112	116	109	106	111
1906	101	102	104	128	118	132	116	112	118
1907	105	108	109	132	126	131	120	119	120
1908	106	"	"	114	"	"	110	"	"

La courbe déduite du tableau dont sont extraits les chiffres ci-dessus accuse une baisse de l'ensemble des prix depuis 1870 jusque vers l'année 1896, puis une hausse qui a atteint son point culminant vers 1900; elle a été suivie d'une dépression et, depuis 1903-1904 s'est produit un nouveau mouvement de hausse très accentuée qui paraît s'être arrêté en 1907.

Les prix de 1907 sont d'ailleurs, dans leur ensemble, inférieurs d'environ 10 p. 100 à ceux constatés il y a une trentaine d'années, et dépassent d'environ 30 p. 100 ceux de 1896.

Des indications aussi générales ne suffisent évidemment pas pour que l'on puisse se rendre compte de la répercussion du prix des marchandises sur les conditions des marchés de l'État. La Commission a dû procéder à une étude plus détaillée portant sur les prix des principales matières et des principaux matériaux susceptibles d'influer sur la valeur des travaux ou des fournitures faisant l'objet de ces marchés.

En ce qui concerne les matières d'alimentation, qui intéressent plus particulièrement les Administrations de la Guerre et de la Marine, les tableaux du Commerce publiés par la Direction des Douanes fournissent des renseignements très comparables depuis 1878. Ils sont résumés ci-dessous; les indices ont été calculés en cotant 100, pour chaque matière, la moyenne des prix des cinq années 1878 à 1882 (période 1880).

ANNÉES.	VIANDES FRAÎCHES. (le kilogr.)		VIANDES SALÉES [porc, lard]. (le kilogr.)		OEUFS. (le kilogr.)		LAIT NATUREL. (le kilogr.)		FROMENT. (le quintal.)		POMMES DE TERRE. (le kilogr.)		LÉGUMES SECS. (le kilogr.)	
	Prix.	Indice.	Prix.	Indice.	Prix.	Indice.	Prix.	Indice.	Prix.	Indice.	Prix.	Indice.	Prix.	Indice.
	fr. c.		fr. c.		fr. c.		fr. c.		fr. c.		fr. c.		fr. c.	
1878	1 58	101	1 60	120	1 35	99	0 20	100	30 00	100	0 10	104	0 40	104
1879	1 55	99	1 20	90	1 35	99	0 20	100	31 00	103	0 12	125	0 42	109
1880	1 56	99	1 25	94	1 35	99	0 20	100	30 50	102	0 09	94	0 40	104
1881	1 55	99	1 40	105	1 35	99	0 20	100	30 00	100	0 08	83	0 35	91
1882	1 60	102	1 20	90	1 40	103	0 20	100	28 75	96	0 09	94	0 36	93
1883	1 62	103	1 15	86	1 45	107	0 20	100	24 92	83	0 09	94	0 32	83
1884	1 58	101	1 13	85	1 45	107	0 20	100	22 44	75	0 08	83	0 24	62
1885	1 55	99	1 30	98	1 35	99	0 20	100	19 15	64	0 09	94	0 26	67
1886	1 55	99	1 35	102	1 25	92	0 20	100	21 61	72	0 06	63	0 25	65
1887	1 48	94	1 20	90	1 20	88	0 20	100	19 60	65	0 05	52	0 25	65
1888	1 52	97	1 15	86	1 20	88	0 20	100	20 10	67	0 07	73	0 25	65
1889	1 62	103	1 35	102	1 20	88	0 20	100	19 70	66	0 05	52	0 22	57
1890	1 67	107	1 40	105	1 20	88	0 20	100	20 90	70	0 06	63	0 23	60
1891	1 62	103	1 45	109	1 14	84	0 20	100	23 05	77	0 07	73	0 25	65
1892	1 47	94	1 45	109	1 18	87	0 18	90	22 00	73	0 05	52	0 30	78
1893	1 45	92	1 45	109	1 30	96	0 18	90	16 50	55	0 06	63	0 27	70
1894	1 64	105	1 60	120	1 25	92	0 14	70	14 00	47	0 06	63	0 25	65
1895	1 57	100	1 50	113	1 25	92	0 13	65	13 50	45	0 04	42	0 25	65
1896	1 42	91	1 15	86	1 10	81	0 20	100	16 40	55	0 05	52	0 25	65
1897	1 38	88	1 30	98	1 26	93	0 18	90	22 75	76	0 07	73	0 29	75
1898	1 42	91	1 50	113	1 36	100	0 19	94	23 00	77	0 06	63	0 29	75
1899	1 44	92	1 60	120	1 42	104	0 20	100	17 50	58	0 07	73	0 29	75
1900	1 43	91	1 55	117	1 48	109	0 22	110	17 50	58	0 07	73	0 32	83
1901	1 44	92	1 50	113	1 45	107	0 22	110	17 50	58	0 10	104	0 33	85
1902	1 47	94	1 57	118	1 40	103	0 22	110	17 00	57	0 09	94	0 34	88
1903	1 56	99	1 60	120	1 45	107	0 21	105	16 65	55	0 10	104	0 36	91
1904	1 51	96	1 50	113	1 48	109	0 22	110	17 05	57	0 09	94	0 35	91
1905	1 54	98	1 60	120	1 49	110	0 22	110	18 50	62	0 10	104	0 35	91
1906	1 56	99	1 70	128	1 55	114	0 24	120	17 35	58	0 11	115	0 35	91
1907	1 65	105	1 90	143	1 56	115	0 25	125	19 35	64	0 10	104	0 35	91

N° 20.

LÉGUMES FRAIS. (le kilogr.)		SUCRE [À L'EXPORTATION]. (le kilogr.)		CAFÉ (le kilogr.)		VINS ORDINAIRES. (le litre.)		FOURRAGES. (le kilogr.)		AVOINE. (le quintal.)		INDICES MOYENS.	OBSERVATIONS.
Prix.	Indice.	Prix.	Indice.	Prix.	Indice.	Prix.	Indice.	Prix.	Indice.	Prix.	Indice.		
fr. c.		fr. c.		fr. c.		fr. c.		fr. c.		fr. c.			
15	65	0 56	92	1 87	114	0 33	83	0 06	64	20 50	103	96	Le prix moyen des cinq années 1878 à 1882 a été coté 100.
25	109	0 55	91	1 78	109	0 38	96	0 08	85	20 50	103	101	
25	109	0 64	106	1 69	103	0 42	106	0 11	117	21 00	106	103	
25	109	0 64	106	1 51	92	0 45	114	0 12	128	20 00	101	102	
25	109	0 64	106	1 34	82	0 40	101	0 10	106	17 50	88	98	
25	109	0 60	99	1 39	85	0 40	101	0 09	96	17 25	87	95	
30	130	0 47	78	1 22	74	0 40	101	0 06	64	17 05	86	88	
35	152	0 47	78	1 17	71	0 45	114	0 06	64	18 75	94	92	
25	109	0 32	53	1 51	92	0 45	114	0 05	53	17 82	89	85	
25	109	0 32	54	2 07	126	0 35	88	0 05	53	14 95	75	81	
20	87	0 37	61	1 94	118	0 35	88	0 05	53	15 63	78	81	
20	87	0 40	66	2 22	136	0 35	88	0 05	53	16 33	83	83	
30	130	0 32	53	2 30	140	0 30	76	0 05	53	15 00	75	86	
40	174	0 36	59	2 12	129	0 30	76	0 05	53	15 25	77	91	
35	152	0 37	61	2 01	123	0 30	76	0 06	64	16 25	82	88	
45	196	0 40	66	2 11	129	0 28	71	0 15	160	17 00	85	99	
35	152	0 30	50	2 10	128	0 28	71	0 15	160	17 25	87	93	
30	130	0 27	45	2 45	150	0 30	76	0 15	160	16 00	80	89	
25	109	0 28	46	2 33	142	0 30	76	0 15	160	11 50	58	86	
25	109	0 26	43	1 36	83	0 32	81	0 15	160	13 50	68	87	
25	109	0 27	45	1 35	82	0 32	81	0 15	160	15 50	78	90	
25	109	0 28	46	1 10	67	0 28	71	0 15	160	15 50	78	89	
25	109	0 27	46	1 12	68	0 30	76	0 15	160	16 65	84	91	
25	109	0 21	35	1 08	66	0 30	76	0 14	149	17 90	90	92	
25	109	0 17	28	1 03	63	0 30	76	0 05	53	18 40	92	83	
25	109	0 21	35	1 01	62	0 50	76	0 04	43	14 85	75	83	
25	109	0 26	43	1 02	62	0 30	76	0 04	43	14 00	70	83	
25	109	0 26	48	1 04	63	0 30	76	0 06	64	15 10	76	87	
26	113	0 24	40	1 04	63	0 35	88	0 09	96	16 50	83	93	
26	113	0 25	41	1 02	62	0 35	88	0 08	85	16 10	81	94	

Les prix ont relativement peu varié depuis 1880, tout en subissant des oscillations nombreuses; l'indice moyen de 1907 est inférieur de 9 p. 100 à celui de 1880 et supérieur de 8 p. 100 à celui de 1896. Si certaines denrées (viandes, œufs, lait) ont augmenté de prix, d'autres (sucre, café, vin, froment) ont baissé; en somme, contrairement à une opinion très généralement répandue, il ne s'est pas produit sur l'ensemble des denrées alimentaires une hausse sensible depuis un quart de siècle (1).

Pour les matières premières, il y a lieu de distinguer celles dont le prix est

TABLEAU

ANNÉES.	HOUILLE CRUE. (le quintal.) Prix.	Indice.	HUILES DE PÉTROLE brutes. (le kilogr.) Prix.	Indice.	CUIVRE de 1re FUSION. (le kilogr.) Prix.	Indice.	PLOMB [EN SAUMONS.] (le kilogr.) Prix.	Indice.	ZINC [EN SAUMONS.] (le kilogr.) Prix.	Indice.	ÉTAIN BRUT. (le kilogr.) Prix.	Indice.	FER ÉTIRÉ EN BARRES au coke. (le kilogr.) Prix.	Indice.	RAILS D'ACIER. (le kilogr.) Prix.	Indice.	FONTE BRUTE. (le kilogr.) Prix.	Indice.
	fr. c.		fr. c.		fr. c.		fr. c.		fr. c.		fr. c.		fr. c.		fr. c.		fr. c.	
1878	1 82	102	0 35	161	1 56	102	0 38	107	0 43	105	1 50	73	0 14	96	0 16	108	0 06	91
1879	1 70	95	0 19	87	1 47	96	0 35	99	0 40	98	1 77	86	0 13	89	0 15	101	0 06	91
1880	1 79	100	0 19	87	1 55	101	0 38	107	0 44	109	2 15	104	0 14	96	0 16	108	0 07	106
1881	1 82	102	0 18	83	1 50	98	0 34	96	0 38	93	2 32	113	0 16	110	0 13	88	0 07	106
1882	1 83	102	0 18	84	1 59	104	0 32	90	0 39	96	2 57	125	0 16	110	0 14	95	0 07	106
1883	1 50	84	0 18	83	1 53	100	0 29	82	0 35	86	2 38	115	0 15	103	0 13	88	0 07	106
1884	1 50	84	0 17	78	1 37	89	0 24	68	0 33	81	2 10	102	0 12	82	0 12	81	0 06	91
1885	1 40	78	0 16	73	1 23	80	0 28	79	0 39	96	2 30	112	0 11	75	0 10	68	0 05	76
1886	1 30	72	0 15	69	1 12	73	0 31	88	0 38	93	2 54	123	0 10	68	0 10	68	0 05	76
1887	1 30	72	0 13	60	1 15	75	0 33	93	0 40	98	2 75	133	0 10	68	0 10	68	0 05	76
1888	1 50	84	0 14	64	1 85	121	0 35	99	0 50	123	3 20	155	0 10	68	0 10	68	0 05	76
1889	2 20	123	0 17	78	1 20	78	0 31	88	0 50	123	2 32	113	0 13	89	0 12	81	0 06	91
1890	2 22	124	0 16	73	1 42	93	0 33	93	0 55	135	2 33	113	0 13	89	0 11	74	0 06	91
1891	1 70	95	0 15	69	1 30	85	0 30	85	0 55	135	2 27	110	0 14	96	0 11	74	0 06	91
1892	1 70	95	0 14	64	1 20	78	0 28	79	0 54	132	2 35	114	0 14	96	0 11	74	0 05	76
1893	1 60	89	0 07	32	1 15	75	0 26	73	0 46	113	2 25	109	0 12	82	0 10	68	0 05	76
1894	1 65	92	0 08	37	1 10	72	0 26	73	0 40	98	1 80	87	0 11	75	0 10	68	0 04	61
1895	1 60	89	0 11	50	1 15	75	0 29	82	0 37	91	1 70	82	0 11	75	0 09	61	0 06	91
1896	1 65	92	0 10	46	1 35	88	0 31	88	0 44	109	1 65	80	0 11	75	0 11	74	0 06	91
1897	1 74	97	0 09	41	1 30	85	0 32	90	0 46	113	1 65	80	0 12	82	0 12	81	0 06	91
1898	1 92	107	0 10	46	1 40	91	0 33	93	0 55	135	1 85	90	0 13	89	0 13	88	0 06	91
1899	2 06	115	0 12	55	1 80	117	0 43	121	0 64	157	3 20	155	0 16	110	0 18	122	0 10	152
1900	2 70	151	0 12	55	1 80	117	0 48	136	0 56	137	3 40	165	0 17	116	0 19	128	0 12	182
1901	2 40	134	0 11	50	1 70	111	0 33	93	0 46	113	3 20	155	0 11	75	0 13	88	0 09	136
1902	2 03	113	0 10	46	1 35	88	0 30	85	0 50	123	3 22	156	0 11	75	0 12	81	0 08	121
1903	1 85	103	0 12	55	1 42	93	0 29	82	0 53	130	3 25	158	0 10	68	0 12	81	0 07	106
1904	1 70	95	0 11	50	1 47	96	0 31	88	0 57	140	3 40	165	0 10	68	0 11	74	0 07	106
1905	1 70	95	0 10	46	1 70	111	0 36	102	0 65	159	3 80	184	0 12	82	0 11	74	0 07	106
1906	2 05	114	0 11	50	2 20	143	0 44	123	0 68	167	4 50	218	0 15	103	0 15	101	0 07	106
1907	2 35	131	0 11	50	2 10	137	0 50	142	0 60	147	4 40	213	0 15	105	0 15	101	0 07	106

(1) Une conclusion analogue ressort de l'enquête que M. Émile Levasseur, de l'Institut, vient de faire dans 70 lycées de Paris et des départements sur le prix des principales denrées alimentaires depuis 1880. En prenant pour base le prix moyen des années 1895 et 1900, coté 100, on a trouvé, pour l'ensemble des lycées, les nombres-indices moyens ci-après :

intéressant principalement pour les Travaux publics (Ponts et Chaussées, Service vicinal, Travaux hydrauliques de la Marine, Hydraulique agricole, Bâtiments civils) et celles dont le prix influe surtout sur les conditions des marchés de fournitures (Guerre, Marine, Manufactures de l'État, Postes et Télégraphes).

Les tableaux de la Direction des Douanes donnent pour ces dernières, comme pour les denrées alimentaires, des renseignements très comparables depuis 1878, ce qui a permis de dresser le tableau ci-dessous :

N° 21.

CORDAGES CÂBLES. (le kilogr.)		CAOUTCHOUC BRUT. (le kilogr.)		PEAUX BRUTES grandes. (le kilogr.)		LAINES EN MASSES. (le kilogr.)		CRINS BRUTS. (le kilogr.)		COTON EN LAINE des États-Unis. (le kilogr.)		SULFATE DE CUIVRE. (le kilogr.)		OXYDE DE ZINC. (le kilogr.)		INDICES MOYENS.	OBSERVATIONS.
Prix.	Indice.	Prix.	Indice.	Prix.	Indice.	Prix.	Indice.	Prix.	Indice.	Prix.	Indice.	Prix.	Indice.	Prix.	Indice.		
fr. c.		fr. c.		fr. c.		fr. c.		fr. c.		fr. c.		fr. c.		fr. c.			
1 45	100	4 50	66	1 65	96	2 32	103	2 30	95	1 48	94	0 51	100	0 60	106	100	Le prix moyen des cinq années 1878 à 1882 a été coté 100.
1 45	100	7 00	103	1 80	105	2 15	95	2 30	95	1 57	99	0 51	100	0 60	106	97	
1 45	100	7 00	103	1 80	105	2 45	109	2 30	95	1 70	107	0 51	100	0 58	103	102	
1 45	100	7 50	110	1 70	99	2 20	98	2 50	103	1 56	99	0 51	100	0 55	97	100	
1 45	100	8 00	118	1 60	94	2 15	95	2 75	113	1 60	101	0 51	100	0 50	88	101	
1 35	93	7 50	110	1 70	99	2 10	93	3 00	123	1 43	90	0 55	108	0 50	88	97	
1 35	93	6 50	96	1 65	96	2 00	89	2 85	117	1 50	95	0 58	114	0 42	74	90	
1 35	93	6 00	88	1 65	96	1 65	73	2 70	111	1 42	90	0 38	75	0 40	71	84	
1 35	93	6 00	88	1 50	88	2 00	89	2 80	115	1 24	78	0 36	71	0 36	64	83	
1 35	93	6 50	96	1 30	76	1 90	84	2 80	115	1 37	87	0 40	78	0 38	67	85	
1 35	93	6 50	96	1 15	67	1 95	87	2 80	115	1 32	83	0 55	108	0 40	71	93	
1 35	93	6 00	88	1 25	73	2 00	89	3 10	128	1 47	93	0 60	118	0 50	88	96	
1 35	93	6 60	88	1 40	82	2 00	89	3 50	144	1 50	95	0 58	114	0 60	106	100	
1 35	93	7 00	103	1 40	82	1 81	80	3 60	148	1 20	76	0 45	88	0 60	106	95	
1 25	86	6 00	88	1 15	67	1 57	70	2 50	103	1 06	67	0 38	75	0 60	106	86	
1 25	86	6 00	88	1 15	67	1 52	67	2 45	101	1 15	73	0 38	75	0 55	97	81	
1 25	86	6 00	88	1 15	67	1 41	63	2 30	95	0 92	58	0 37	73	0 55	97	76	
1 25	86	6 00	88	1 61	94	1 41	63	2 40	99	0 93	59	0 37	73	0 55	97	80	
1 25	86	6 00	88	1 29	75	1 45	64	2 65	109	1 04	66	0 41	80	0 50	88	82	
1 20	83	7 00	103	1 29	75	1 44	64	2 80	115	0 97	61	0 42	82	0 50	88	85	
1 17	81	7 00	103	1 38	81	1 56	69	2 80	115	0 83	52	0 45	88	0 50	88	89	
1 17	81	9 50	140	1 55	91	1 84	82	2 90	119	0 89	56	0 60	118	0 55	97	111	
1 20	83	9 50	140	1 52	85	2 25	100	2 90	119	1 30	82	0 60	118	0 55	97	119	
1 20	83	9 50	140	1 52	89	1 46	65	2 80	115	1 16	73	0 51	100	0 50	88	100	
1 20	83	9 50	140	1 60	94	1 45	64	2 95	121	1 20	76	0 51	100	0 50	88	97	
1 20	83	9 50	140	1 66	97	1 62	72	2 95	121	1 50	95	0 51	100	0 50	88	99	
1 20	83	11 00	162	1 66	97	1 85	82	3 00	123	1 59	101	0 51	100	0 50	88	101	
1 20	83	11 00	162	1 83	107	2 10	93	3 00	123	1 30	82	0 65	127	0 60	106	108	
1 25	86	11 50	169	1 93	113	2 24	99	3 15	130	1 46	92	0 81	159	0 60	106	122	
1 35	86	10 00	147	1 73	101	2 37	105	3 10	128	1 63	103	0 75	147	0 60	106	121	

1880	111.9	1900	99.3	1904	99.9
1885	104.2	1901	99.8	1905	98.0
1890	101.4	1902	98.8	1906	98.8
1895	100.2	1903	99.9	1907	103.1
				1908	106.5

Revue économique internationale, mai 1909.

4

En cotant 100, comme précédemment, pour chaque matière, la moyenne des prix des cinq années 1878-1882, on constate une augmentation d'environ 20 p. 100 depuis 1880, après plusieurs oscillations correspondant à des maxima vers 1890 et vers 1900 et des minima vers 1886, 1894 et 1901. On remarquera que les prix du fer, de la fonte, de l'acier ont peu varié (3 p. 100, 6 p. 100, 1 p. 100), tandis que celui de la houille augmentait notablement (31 p. 100).

Les tableaux de la Direction générale des douanes ne permettent pas d'apprécier avec quelque exactitude la variation des prix des principaux matériaux employés dans les travaux publics, pendant une longue série d'années, soit

TABLEAU

ANNÉES.	SABLE de RIVIÈRE. (Le mètre cube.)		BRIQUES de BOURGOGNE. (Le mille.)		CHAUX HYDRAULIQUE de Beffes. (Le mèt. cube.)		CIMENT de Vassy. (Les 100 kilog.)		CIMENT de Portland. (Les 100 kilog.)		MEULIÈRE dite marchande. (Le mèt. cube.)		PIERRE DE TAILLE (Saint-Leu.) (Banc de 0m 35 à 0m 70) (Le mèt. cube.)	
	Prix.	Indice.	Prix.	Indice.	Prix.	Indice.	Prix.	Indice.	Prix.	Indice.	Prix.	Indice.	Prix.	Indice.
1883...............	8f 00c	100	90f 00c	100	25f 00c	100	6f 00c	100	8f 75c	100	14f 00c	100	40f 00c	100
1887...............	6 75	84	83 00	91	23 00	88	5 50	92	8 00	91	13 00	93	38 00	95
1891...............	6 75	84	83 00	91	23 00	88	5 50	92	7 80	89	13 00	93	40 00	100
1895...............	6 75	84	83 00	91	23 00	88	5 50	92	7 80	89	13 00	03	42 00	105
1899...............	6 75	84	83 00	91	23 00	88	5 50	92	7 80	89	12 00	86	42 00	105
1903...............	6 75	84	83 00	91	23 00	88	5 50	92	7 80	89	12 00	86	42 00	105
1907...............	6 75	84	83 00	91	23 00	88	5 50	92	7 80	80	12 00	86	42 00	105

Il résulte de ce tableau que dans leur ensemble les prix ont peu changé depuis 1883; ils seraient aujourd'hui plutôt inférieurs que supérieurs à ceux constatés il y a 25 ans.

La Commission a cherché à contrôler, par des renseignements directs pris auprès des fournisseurs, ce résultat qui peut surprendre.

Pour les *pierres de taille*, les prix du mètre cube chargé dans le voisinage des carrières a progressé régulièrement depuis 1880 jusqu'en 1905, pour une même qualité :

De 50 à 60 francs pour le granit de Laber (Finistère), soit de 20 p. o/o;

De 30 à 35 francs pour le granit de Dielette (Manche), soit de 16.7 p. o/o;

De 35 à 40 francs pour le calcaire de Lérouville (Meuse), soit de 14 p. o/o.

que les désignations ou les groupements de matériaux correspondant à un même prix, soit que l'unité de mesure employée pour les évaluations aient subi, à certaines époques, des modifications qui rendent fort difficile, sinon impossible, la comparaison des prix annuels successifs.

Aussi la Commission a-t-elle dû, pour les matériaux de construction, recourir à d'autres sources d'information. Elle a, tout d'abord, fait un relevé, dans la série de prix publiée tous les deux ans, depuis 1883, par la Société centrale des architectes de Paris et du département de la Seine, de ceux des prix des matériaux les plus couramment employés pour lesquels les désignations étaient restées identiques, et elle a pu dresser le tableau suivant :

22.

PIERRE de TAILLE (Lérouville.) Toutes les dimensions. [Le mètre cube.]		PAVÉS DE L'YVETTE. (0m,19 en tous sens.) [Le mille.]		ASPHALTE en ROCHE. (Les 100 kilogr.)		CHÊNE NEUF de Champagne. (Flotté.) [Le stère.]		SAPIN NEUF ordinaire. (Le stère.)		BLANC PUR ZINC N°1 en poudre n°1. (Le kilogr.)		VERRE SIMPLE, (2e choix.) [La caisse.]		INDICES MOYENS.	OBSERVATIONS.
Prix.	Indices.	Prix.	Indices.	Prix.	Indices.	Prix.	Indices.	Prix.	Indices.	Prix.	Indices.	Prix.	Indices.		
… 00e	100	450f 00e	100	7f 00e	100	88f 76e	100	66f 18e	100	0f 66e	100	72f 00e	100	100	
… 00	89	450 00	100	7 00	100	70 74	80	49 13	74	0 66	100	72 00	100	91	
… 00	93	450 00	100	7 00	100	74 96	84	54 63	83	0 70	106	70 00	97	93	
… 00	100	450 00	100	7 00	100	74 00	83	55 00	83	0 70	106	70 00	97	94	
… 00	100	450 00	100	7 00	100	75 70	85	57 16	86	0 70	106	70 00	97	94	
… 00	100	450 00	100	7 00	100	83 75	94	67 75	102	1 00	152	78 00	108	99	
… 00	100	450 00	100	7 00	100	86 56	98	71 55	108	0 80	121	78 00	108	98	

En 1907, le prix de la pierre de Lérouville était porté à 45 francs (augmentation d'un dixième par rapport au prix de 1880). La série de prix de la Société des architectes accuse cependant pour cette pierre rendue sur place, à Paris, un prix constant de 70 francs depuis 1883; s'il n'a pas été augmenté, c'est grâce à l'emploi presque exclusif depuis 1890, pour le transport, de la voie d'eau qui est plus économique que la voie ferrée.

Les *pavés de l'Yvette* sont également portés à un prix constant (450 fr. le mille) depuis 1883. M. l'Inspecteur général Directeur du Service de la Voie publique à Paris a bien voulu fournir à la Commission des renseignements qui confirment ces indications et accusent même une légère diminution des prix depuis 20 ans.

Ci-dessous un tableau résumant ces renseignements :

TABLEAU N° 23.

PRIX DU MILLIER DE PAVÉS

Échantillon 14-20-16, payé par la Ville de Paris, rabais déduit.

ANNÉES.	GRÈS DE L'YVETTE.		ARKOSE D'AUTUN ou du Charolais.	GRANIT des VOSGES.	GRÈS QUARTZITE de l'Ouest.
	1ᵉʳ CHOIX.	2ᵉ CHOIX.			
	francs.	francs.	francs.	francs.	francs.
1889....................	454	390	470	470	530
1890....................	454	390	431	452	530
1895....................	426	366	431	452	500
1900....................	386	332	430	452	"
1905....................	434	373	430	452	465
1908....................	434	373	430	430	465

La même constance des prix n'a pas été constatée en dehors de Paris. Au port de Dunkerque, on signale une augmentation de prix considérable sur les pavés de Queenast (Belgique); il en est de même, au port de Marseille, sur les pavés de Saint-Raphaël.

Pour les *briques*, le prix du millier de première qualité, des fours des environs de Dunkerque, qui était de 21 francs en 1880, est descendu à 18 francs de 1893 à 1901; il est remonté à 21 francs depuis 1907.

Les fours de Sanvic près du Havre, qui vendaient le millier de briques de 28 à 32 francs suivant la qualité en 1887, le vendent au même prix en 1908, après une légère hausse (30 à 34 fr.) vers 1903.

Une briqueterie des environs de Rouen, qui vendait les briques à la main de construction courante, 19 francs de 1885 à 1889, 21 francs 1899 à 1908, les vend aujourd'hui 23 francs.

Une autre briqueterie, fabriquant des briques malaxées cuites, au four conti-nu, les vendait 28 francs en 1884, de 28 à 23 francs pendant les années 1885 à 1905; le prix est remonté à 25 francs, puis à 28 francs de 1906 à 1908.

Ces chiffres sont suffisamment concordants avec ceux de la série de la Société Centrale, qui accusent un prix constant pour la brique de Bourgogne de 1887 à 1907.

Pour les *chaux et ciments*, la série de la Société Centrale des architectes accuse une légère diminution des prix par rapport à ceux de 1883. Les ren-seignements communiqués par les fabricants confirment que de faibles modifi-cations se sont produites dans le prix des agglomérants de toute nature.

C'est ainsi que la chaux hydraulique, « dite administrative », de Beffes a été vendue, à Paris, 18 francs la tonne de 1880 à 1890, 16 francs de 1890 à 1900 et 14 à 15 francs de 1900 à 1908 (1).

Les ciments de Vassy (prise rapide) étaient payés, rendus à Paris, 25 francs la tonne de 1880 à 1897, 19 à 24 francs de 1898 à 1904; ils valent 23 francs depuis 1905. Pour la vente en province, les prix sont descendus de 32 francs en 1880 à 16 francs en 1904, par suite de la concurrence; l'entente entre les fabricants de la région s'étant rétablie, le prix est remonté à 23 francs (même prix que pour Paris) et il n'a pas changé depuis 1904.

Pour les ciments de Portland du Boulonnais, les prix de la tonne prise dans l'une des usines ont été de 32 fr. 74 en moyenne pendant les cinq années 1889-1893 et de 31 fr. 42 pendant les cinq années 1904-1908 (diminution 4 p. 100 environ). — Dans une autre usine, les prix ont été pendant les mêmes périodes de 37 fr. 70 et 39 fr. 40 (augmentation 5 p. 100) (2).

Les tarifs de la Société Centrale des architectes relatifs aux *bois de charpente* (chêne, sapin) n'accusent aucune modification sérieuse dans les prix depuis 1883. Il y a là une anomalie difficile à expliquer ; les renseignements assez concordants fournis à la Commission par des négociants en bois accusent une augmentation d'au moins 35 p. 100 pour les bois de chêne, 40 p. 100 pour le sapin, 50 p. 100 pour le pitchpin, et ces chiffres diffèrent peu des chiffres approximatifs que l'on déduit des tableaux de la Direction générale des Douanes.

Les bois paraissent d'ailleurs être les seuls matériaux d'un usage courant dans les travaux publics dont les prix auraient subi une notable augmentation.

Cette dernière observation ne s'applique évidemment qu'aux matériaux de construction tels que les chaux, ciments, briques, pierres de taille, fers, fontes, etc., qui font l'objet de fabrication ou d'exploitation spéciales.

Quant aux matériaux tels que le *sable*, les *cailloux d'empierrement*, les *moellons*, que l'on extrait généralement dans le voisinage des lieux d'emploi, leur prix varie avec le taux de la main-d'œuvre dans la région ; c'est ainsi qu'on a constaté de notables augmentations dans les régions industrielles où se rencontrent des groupements importants d'ouvriers, tandis que les prix sont restés stationnaires dans d'autres régions où le taux des salaires a peu augmenté (3).

---

(1) La chaux hydraulique du Teil était payée par le service du port de Marseille 29 francs en 1884 et 26 francs en 1906.

(2) Dans cette usine, l'une des plus importantes du Boulonnais, le taux moyen des salaires a augmenté de 40 p. 100; le perfectionnement de l'outillage a permis, en augmentant la production et en diminuant l'emploi de la main d'œuvre, de ne pas relever sensiblement les prix de vente.

(3) Dans un certain nombre de localités, les cailloux destinés à l'empierrement des routes sont extraits et cassés soit par des ouvriers de capacité restreinte (femmes, enfants, vieillards), dont les salaires ont peu varié, soit par des ouvriers agricoles, aux époques où ils ne sont pas occupés aux travaux des champs.

§ 3. — **Variations des prix des ouvrages.**

L'étude des variations des prix des ouvrages qui font l'objet de marchés de l'État est fort délicate par suite de la difficulté de trouver à vingt ou trente ans d'intervalle des circonstances suffisamment comparables.

Ce sont, tantôt les dispositions à réaliser, tantôt la nature ou la qualité des matériaux employés, tantôt les conditions d'exécution qui diffèrent. Même pour des travaux aussi simples que l'entretien d'une section de route, il n'est pas toujours facile de procéder à des comparaisons, attendu qu'il n'y a guère de routes pour lesquelles on n'ait été conduit à modifier soit le sectionnement, soit la provenance des matériaux.

D'autre part, les projets de travaux mis en adjudication comportent généralement de nombreux prix unitaires, sur lesquels le rabais porte uniformément, bien que les uns soient avantageux, les autres désavantageux pour l'entrepreneur; aussi, pour que les rabais consentis sur deux ouvrages analogues exécutés dans la même localité, à des époques différentes, puissent donner des indications utiles sur les variations des prix, faut-il, non seulement que tous les matériaux mis en œuvre soient les mêmes, mais encore qu'ils aient été employés dans la même proportion.

On ne peut espérer, dans ces conditions, recueillir sur les variations des *prix des ouvrages* des renseignements aussi précis que ceux qui concernent les prix des matières premières ou des matériaux.

a) Administration des Ponts et Chaussées.

Les résultats de l'enquête à laquelle on a procédé dans un certain nombre de départements montrent qu'il faut distinguer, au point de vue des variations survenues dans les prix, deux catégories de travaux.

La première comprend les travaux de faible importance et notamment ceux d'entretien, exécutés à l'aide de la main-d'œuvre du pays, loin des grandes agglomérations ouvrières; la seconde, les travaux importants neufs ou d'entretien exécutés à l'aide, soit d'ouvriers du pays recrutés dans les grands centres voisins, soit à l'aide d'ouvriers étrangers à la localité.

Pour les travaux de la première catégorie, les augmentations constatées sont très faibles, sinon nulles.

C'est ainsi, par exemple, que la comparaison des baux d'entretien du port de Dieppe passés successivement de 1879 à 1908, fait ressortir une augmentation moyenne de 1 p. 100 seulement sur l'ensemble des principaux prix.

Les résultats sont analogues pour les travaux d'entretien des voies navigables dans la région de Dunkerque et de Calais.

Pour les travaux de la deuxième catégorie, on signale au contraire des augmentations assez considérables.

Les augmentations seraient d'environ 15 p. 100 pour diverses constructions de même nature entreprises successivement à Marseille de 1881 à 1906, et de 20 p. 100 à Dunkerque pour les nouveaux ouvrages du port, que l'on exécute dans des conditions comparables depuis 1880 ; l'augmentation ne s'y serait d'ailleurs fait sérieusement sentir que depuis une dizaine d'années.

A Bordeaux, on signale un écart de 50 p. 100 entre les prix d'importants ouvrages en charpente exécutés en 1888 et 1907 avec des dispositions semblables.

Les prix des baux actuels d'entretien des voies navigables dans la région de Lille et de Béthune sont supérieurs de 25 p. 100 environ aux prix de 1880 ; pour les baux d'entretien des ports de Marseille et du Havre, les augmentations depuis une vingtaine d'années seraient respectivement de 15 et 20 p. 100.

Les ingénieurs des divers services sont unanimes à reconnaître la nécessité de prévoir pour les projets d'une certaine importance des prix notablement plus élevés que ceux des bordereaux de prix en usage il y a quelques années. Les mécomptes survenus depuis 1907 dans un certain nombre d'adjudications de grands travaux (des lots de travaux importants aux ports de Calais et de Saint-Nazaire, divers lots de travaux de construction du canal du Nord en 1907 et 1908, un lot de travaux de prolongement du canal d'Orléans en 1908, etc.) n'ont eu d'autre cause que l'insuffisance des prix.

En somme, il semble résulter des renseignements recueillis que, pour les travaux de la deuxième catégorie, il y a lieu d'admettre une augmentation de prix de 15 à 20 p. 100 depuis une dizaine d'années.

b) *Administration des Postes et Télégraphes.*

D'une façon générale, les travaux et fournitures exécutés pour le compte de l'Administration des Postes et des Télégraphes sont directement soumis aux variations des cours des matières premières et il y aurait peu d'intérêt à établir une comparaison entre les prix payés il y a vingt ou trente ans et ceux d'aujourd'hui. Une pareille comparaison ne serait d'ailleurs possible que pour les matériaux en nombre très restreint, qui ne subissent pas de changements appréciables ; tels sont les poteaux en bois et les isolateurs. Quant aux types de câbles ou d'appareils en usage aujourd'hui, ils datent de quelques années seulement et se transforment fréquemment.

Pour ce qui concerne les poteaux et les isolateurs, de 1885 à 1909, soit à vingt-quatre ans d'intervalle, les prix des premiers auraient augmenté d'environ 15 p. o/o alors que les prix des deuxièmes auraient diminué à peu près dans la même proportion, cette baisse pouvant être attribuée à la substitution du verre à la porcelaine.

c) *Service vicinal.*

Les ouvrages d'art de quelque importance exécutés par le service vicinal sont généralement trop disséminés pour pouvoir donner lieu à des comparaisons utiles. Aussi l'enquête a-t-elle porté uniquement sur les prix des matériaux d'entretien des chaussées dans les 28 départements précédemment considérés. Les agents-voyers en chef ont fourni un tableau des prix moyens annuels de l'ensemble des matériaux de toutes natures employés sur les chemins vicinaux de leur département depuis 1880 à 1907. L'augmentation aurait été de 18 p. 100 en moyenne. Ce renseignement n'est qu'approximatif, attendu qu'il n'a pas été tenu compte des modifications survenues pour certains chemins dans l'emplacement des carrières et dans les moyens de transport des matériaux, de sorte que les prix indiqués ne sont pas tout à fait comparables.

d) *Service du Génie.*

Les résultats des adjudications relatives à l'entretien des bâtiments militaires de la Direction de Paris, faites sur série de prix pour une durée de six années, donnent des renseignements comparables sur les variations des prix des ouvrages.

Ci-dessous les rabais obtenus pour les baux passés en 1891-1897-1903 et 1909, rapportés aux prix de base de la série de 1903 :

TABLEAU N° 24.

DÉSIGNATION DES LOTS.	1891.	1897.	1903.	1909.	OBSERVATIONS.
1er lot : Terrassements et maçonneries.	5 0/0	25 0/0	33.4 0/0	14.2 0/0	
2e lot : Couverture, plomberie.	8 0/0	8.6 0/0	14 0/0	31.3 0/0	
3e lot : Charpente, menuiserie.	18.7 0/0	18.7 0/0	18.3 0/0	(1) 15 0/0	(1) Surenchère.
4e lot : Ferronnerie, serrurerie.	16 0/0	23.8 0/0	26.5 0/0	26 0/0	
5e lot : Fumisterie, marbrerie.	19.6 0/0	45 0/0	(2) 33.3 0/0	0	(2) Moyenne de deux marchés.
6e lot : Peinture, vitrerie.	14.5 0/0	20.9 0/0	6.1 0/0	38 0/0	

Si l'on écarte les deuxième et sixième lots, dont les résultats peuvent paraître anormaux, on constate une baisse des prix des ouvrages de 1891 à 1903 suivie d'une hausse notable de 1903 à 1909. La différence des prix afférents à ces deux années atteint près de 20 p. 100 pour les terrassements et maçonneries et plus de 33 p. 100 pour les travaux de charpente et de menuiserie.

L'examen de divers marchés passés depuis 1904, — sur la base de la série des prix de l'entretien, permet de reconnaître que la décroissance des prix s'est arrêtée vers 1905-1906; c'est à partir de cette époque que s'est produit un important mouvement de hausse sur les travaux d'entretien de charpente, menuiserie, terrassements et maçonneries.

L'augmentation moyenne des prix de 1909, par rapport à ceux de 1891, (les deuxième et sixième lots écartés), serait d'environ 9 p. 100 seulement.

e) *Marine.*

Les prix payés pour le matériel de la Marine dans ces dernières années se sont ressentis de la hausse générale des cours commerciaux. On s'est efforcé de limiter le plus possible l'importance des marchés, et surtout la durée des contrats, pour les matières sujettes à fluctuation (les objets en cuivre par exemple), et on a introduit l'usage des marchés *à prix variables suivant le cours officiel des métaux*, mesure qui garantit à la fois les intérêts du Trésor et ceux des fournisseurs.

Les renseignements fournis à la Commission ont porté sur des bateaux ou objets dont le type a subi depuis 1895 assez peu de variations pour que les prix des marchés successifs puissent être utilement comparés : les chalands à charbon, les canots à vapeur réglementaires, les chaudières pour canots, les torpilleurs et les contre-torpilleurs.

Si l'on écarte les causes accidentelles qui ont pu influer sur les conditions des marchés, on ne constate pas, dans l'ensemble, une augmentation notable du prix par kilogramme. L'extension de la concurrence a amené une compensation à l'augmentation incontestable survenue dans les prix de fabrication. La Marine attribue ce résultat à l'emploi du marché de gré à gré et au stimulant d'une concurrence soigneusement entretenue; elle doute qu'on y fût parvenu par la voie de l'adjudication.

La situation est différente pour les grands bâtiments de combat et leurs appareils moteurs, dont le marché est plus restreint. Les prix successifs ne peuvent être comparés à l'aide d'une formule simple, en raison des différences profondes qui existent d'un type au type suivant; de plus, les conditions d'achat des blindages, qui forment une importante fraction du prix de ces bâtiments, sont trop particulières pour conduire à des résultats utiles.

f) *Travaux hydrauliques de la Marine.*

Les travaux de cette Administration ont une grande analogie avec ceux de l'Administration des Ponts et Chaussées (Ports maritimes); les constatations, quant à la variation des prix des ouvrages, sont les mêmes : pas d'augmentation sensible pour les travaux courants et notamment pour les travaux d'entretien; augmentation sérieuse, au contraire, pour les travaux importants.

g) *Travaux publics des Colonies.*

Les marchés des travaux publics ressortissant à l'Administration centrale du Ministère des Colonies qui peuvent donner des éléments de comparaison sont fort peu nombreux. Parmi les plus importants de ces marchés sont ceux de rails et traverses métalliques pour les chemins de fer; les variations des prix ont généralement suivi celles des métaux.

h) *Manufactures de l'État.*

L'enquête à laquelle il a été procédé sur les variations des prix d'une fourniture simple destinée aux manufactures de l'État, n'a permis d'arriver à aucune conclusion certaine, sauf pour la houille dont le prix a nécessairement suivi les fluctuations du marché.

Pour l'ensemble des fournitures, on a constaté, de 1897 à 1907, dans une manufacture choisie comme exemple, la Manufacture des Tabacs du Havre, une majoration des prix de 21 p. 100.

i) *Administration des Bâtiments civils.*

Ainsi qu'il a été expliqué plus haut, les adjudications faites par cette Administration ont pour base la *série de prix* applicable *aux travaux des bâtiments civils.*

La dernière édition de la série date de 1900.

Pour les travaux de maçonnerie, les rabais de 1900 à 1908, ont diminué progressivement de 26.40 p. 100 à 4.10 p. 100, ce qui correspond à une majoration de prix de 30 p. 100 environ.

Pour les travaux de charpente en bois, la diminution du rabais a été de 8.30 p. 100 dans la même période (23.30 p. 100 à 15 p. 100), d'où une majoration de prix d'environ 11 p. 100.

Pour les travaux de charpente en fer, l'écart des rabais de 1900 à 1908 est de 30.60 p. 100 — 21.10 p. 100, soit 9.50 p. 100, correspondant à une majoration d'environ 13 p. 100; elle avait passé par un maximum (22 p. 100) en 1907.

Pour les travaux de menuiserie, le rabais a diminué progressivement de 37.60 p. 100 en 1900, à 1.30 p. 100 en 1907, pour remonter en 1908 à 1.70 p. 100, qui correspond à une majoration des prix de 56 p. 100 depuis 1900.

Enfin, pour la couverture et la plomberie, la peinture et la lumière électrique, il n'y a pas eu de variations notables dans les prix d'adjudication depuis la même époque.

Les résultats qui précèdent se rapportent aux travaux importants. Pour les travaux de simple entretien, qui donnent lieu à des adjudications pour trois années consécutives, on a obtenu, depuis dix ans, des rabais sensiblement égaux, variant de 3o à 4o p. 1oo, suivant la nature des ouvrages; les prix n'ont, en somme, subi aucune modification sérieuse.

Des renseignements qui viennent d'être résumés se dégage nettement ce fait que si les prix de certains ouvrages sont restés sensiblement constants, d'autres ouvrages, et particulièrement les ouvrages importants que font exécuter les services des Ponts et Chaussées, du Génie, des Travaux hydrauliques de la Marine, ne sont soumissionnés aujourd'hui qu'à des prix majorés par rapport aux prix payés il y a quelques années, dans une proportion généralement bien supérieure à celle qui correspondrait au renchérissement des matériaux employés à leur confection.

Il faut donc chercher la cause de cette majoration ailleurs que dans la hausse des matières premières.

Les observations présentées par les intéressés, au cours de leurs dépositions devant la Commission, ont mis en relief trois causes principales qui expliqueraient soit l'abstention de certains entrepreneurs aux adjudications, soit le relèvement des prix auxquels ils ont consenti à soumissionner.

Ces trois causes sont :

Les défectuosités du mode de passation des marchés;

La rigueur de certaines clauses des cahiers des charges:

L'augmentation du prix de la main-d'œuvre.

Elles sont examinées successivement dans la deuxième partie de ce rapport.

DEUXIÈME PARTIE.

OBSERVATIONS PRÉSENTÉES PAR LES INTÉRESSÉS.

I. — PASSATION DES MARCHÉS.

Les observations présentées à la Commission portent sur la division en lots des travaux ou fournitures devant faire l'objet de marchés, sur le mode de passation de ces marchés et sur les dispositions relatives aux adjudications.

§ Iᵉʳ. — Division en lots.

Deux membres de la délégation de l'Union des industries métallurgiques et minières et des industries qui s'y rattachent ont signalé les inconvénients de la réunion dans un même lot de fournitures et de travaux qui ne peuvent tous être exécutés par le soumissionnaire. L'obligation pour lui de s'adresser à des sous-traitants, qui travaillent moins consciencieusement pour le compte d'autrui que pour leur propre compte, le conduit à majorer ses prix pour se couvrir des difficultés qui peuvent survenir de ce chef. La réunion dans un même lot de fournitures différentes, rares dans les entreprises de la Marine, est fréquente dans celles de la Guerre.

Un autre membre de la délégation a fait remarquer qu'on ne saurait établir de règle absolue en pareille matière et que la meilleure solution à adopter dans chaque cas dépend des circonstances. C'est ainsi qu'il peut y avoir avantage pour l'Administration à ce que le constructeur d'un grand pont métallique soit en même temps chargé de l'établissement des piles et des culées en maçonnerie, bien que ce travail n'ait évidemment aucun rapport avec ceux que l'on exécute dans les ateliers de constructions mécaniques.

Se plaçant à un autre point de vue, la délégation de la Chambre consultative des associations ouvrières de production s'est plainte du groupement en un seul lot de travaux de nature différente, en raison de ce que ce groupement empêche beaucoup d'industriels et d'associations ouvrières, *dans une situation moyenne*, de prendre part aux adjudications.

A son avis, en multipliant le nombre des lots, l'Administration trouverait plus de soumissionnaires et obtiendrait de meilleures conditions; une entente pour ne pas prendre part à une adjudication en vue de faire relever les prix est d'autant moins à redouter que les intéressés sont plus nombreux.

La question de la division en lots des fournitures et travaux fait l'objet de l'article 1er du décret du 4 juin 1888 relatif aux conditions dans lesquelles les sociétés d'ouvriers français sont admises à soumissionner des travaux ou fournitures pour l'État.

Il porte :

« Art. 1er. — Les adjudications et marchés de gré à gré passés au nom de l'État sont autant que possible divisés en plusieurs lots, selon l'importance des travaux ou des fournitures et en tenant compte de la nature des professions intéressées. »

La Commission considère que si la répartition d'un travail ou d'une fourniture entre plusieurs lots est avantageuse pour les associations ouvrières, elle ne l'est pas moins pour l'État dans un grand nombre de cas; mais il en est aussi d'autres, dans lesquels l'Administration peut, ainsi que l'a indiqué l'un des membres de la fédération des industries métallurgiques, avoir de sérieux motifs pour faire de l'exécution d'un travail ou d'une fourniture l'objet d'un marché unique, soit par exemple qu'il y ait des inconvénients à diviser les responsabilités, ou encore que la juxtaposition de deux entreprises sur un même chantier soulève de grosses difficultés.

Aussi ne semble-t-il pas qu'il y ait lieu d'aller au delà des dispositions du décret de 1888 qui prescrivent la division « autant que possible » en plusieurs lots.

§ 2. — **Mode de passation des marchés.**

a) *Marchés de gré à gré.*

Les formalités à suivre pour tous les marchés passés au nom du Gouvernement sont réglées par le décret rendu en Conseil d'État du 18 novembre 1882.

Il porte à l'article 1er que les marchés sont faits avec publicité et concurrence, sauf les exceptions mentionnées à l'article 18, qui spécifie les cas dans lesquels l'Administration peut traiter de gré à gré.

Aucun des intéressés entendus par la Commission n'a demandé qu'il soit apporté des modifications aux dispositions de ce décret; mais un membre de la délégation de la Chambre consultative des associations ouvrières de production a exprimé le désir que les Administrations publiques fassent appel, sans adjudication, à ces associations, pour les travaux dont le montant ne dépasse pas le chiffre de 20,000 francs indiqué au paragraphe 1° de l'article 1er du décret de 1882 pour les marchés pouvant être passés de gré à gré.

L'article 2 de la loi du 4 juin 1888, qui fixe les conditions dans lesquelles les sociétés d'ouvriers français peuvent être admises à soumissionner stipule que : *des marchés de gré à gré peuvent être également passés avec ces sociétés pour les travaux et fournitures dont la dépense totale n'excède pas 20,000 francs.*

La Commission ne pense pas qu'il y ait lieu d'aller au delà et de transformer en une *obligation* vis-à-vis des associations ouvrières la *faculté* de traiter de gré à gré dont dispose l'Administration ; elle doit rester juge des circonstances dans lesquelles il peut en être fait usage, sans préjudicier aux intérêts de l'État.

En ce qui concerne les marchés de gré à gré, quelques membres de la Commission ont signalé les avantages qu'ils peuvent présenter, même dans les cas où il semblerait, au premier abord, que des adjudications, autrement dit, des marchés faits avec concurrence, dussent procurer à l'État des conditions meilleures. On a cité de nombreux marchés passés après des adjudications infructueuses à des prix inférieurs aux maxima fixés et d'autres, passés avant toute tentative d'adjudication, à des prix notablement plus bas que ceux résultant d'adjudications précédentes, sans qu'aucune baisse n'ait été constatée dans le prix des matières premières ou de la main-d'œuvre.

En faveur de ce mode de procéder, on a fait valoir qu'il permet généralement d'éviter les ententes entre les soumissionnaires ; qu'en réalité, il n'exclut pas la concurrence, les entrepreneurs appelés par les chefs de service à débattre des prix de gré à gré pouvant toujours craindre que d'autres viennent proposer des prix inférieurs ; qu'enfin, la possibilité d'obtenir la modification de certaines conditions du marché, d'en faire préciser d'autres, la certitude d'arriver à une solution immédiate en cas d'accord, la dispense de démarches et formalités coûteuses et gênantes, incitent les commerçants, les industriels, les entrepreneurs à traiter à des conditions plus favorables pour l'État que celles qu'ils auraient consenties par voie d'adjudication publique (1).

Sans méconnaître la valeur de ces arguments, la Commission n'a pas pensé que le principe posé par l'article 1ᵉʳ du décret de 1882 dût être mis en discussion.

---

(1) La question de la substitution du marché de gré à gré à l'adjudication publique et celle des mesures à prendre pour empêcher dans les adjudications publiques les rabais excessifs ont été discutées par le Conseil supérieur du travail dans sa session de novembre 1908. Quelques membres ont fait valoir que les gros rabais consentis par les entrepreneurs ont pour conséquence une réduction des salaires et aussi des malfaçons, de sorte qu'ils sont aussi préjudiciables aux intérêts de l'État qu'à ceux des ouvriers. D'autres membres ont soutenu que certains entrepreneurs peuvent trouver profit, — ne fût-ce que pour se créer des titres en vue de l'avenir, — à soumissionner avec un fort rabais qui ne leur laisse aucun bénéfice, et qu'ils ne s'astreignent pas moins à payer convenablement leurs ouvriers et à exécuter avec soin les travaux.

Finalement, le Conseil supérieur a adopté par 20 voix contre 17 le vœu suivant :

Le Conseil supérieur prie M. le Ministre du Travail d'intervenir auprès du Ministre des Finances, pour que soit étudiée sans retard la question des adjudications de travaux publics, telle qu'elle résulte de la loi de 1832 et des ordonnances de 1836 et 1837, de telle sorte que les éléments patronaux et ouvriers soient appelés à donner leur avis à ce sujet.

Elle a admis, comme la Commission de 1895 qui avait été saisie de la question, que le système de l'adjudication, s'il n'est pas à l'abri de toutes critiques, est celui qui paraît devoir donner les plus sérieuses garanties, en raison notamment de ce qu'il comporte la publicité des opérations et qu'il écarte ainsi toute suspicion à l'égard des agents de l'État. Renoncer dans les circonstances normales à ce système présenterait plus d'inconvénients que d'avantages.

Il ne semble d'ailleurs pas nécessaire d'augmenter la nomenclature des cas exceptionnels dans lesquels le marché de gré à gré est autorisé, l'expérience ayant démontré que les dispositions de l'article 18 du décret de 1882 ont toujours permis de recourir à ce mode de passation des marchés, toutes les fois que la convenance en était justifiée (1).

b) Marchés par voie de concours.

L'application du système de l'adjudication avec publicité et concurrence comporte trois solutions :

L'adjudication publique,

L'adjudication restreinte,

L'adjudication par voie de concours.

C'est cette dernière solution qu'a préconisée à diverses reprises, pour les grands travaux publics, le syndicat professionnel des entrepreneurs de travaux publics de France.

Il a présenté et fait adopter au congrès international du Bâtiment et des Travaux publics, tenu à Paris en novembre 1908, le vœu suivant :

« *En ce qui concerne les grands travaux d'utilité publique et les ouvrages exceptionnels*, que, sur programmes d'ensemble dressés par les pouvoirs publics, d'accord avec les intéressés directs, l'établissement des projets de grands travaux publics et leur exécution fassent l'objet de concours ouverts à l'industrie privée ;

« Et que les jurys appelés à juger ces concours soient composés de telle façon que toutes les compétences et tous les intérêts y soient représentés. »

La délégation de la Fédération nationale du Bâtiment et des Travaux publics a renouvelé ce vœu devant la Commission en lui signalant parmi les

---

(1) Signalons pour mémoire (la question n'ayant pas été soulevée) que la Commission de 1895 a proposé de supprimer à l'article 18 le paragraphe 11, relatif aux fournitures, transports ou travaux que l'Administration doit faire exécuter aux lieu et place des adjudicataires défaillants et à leurs risques et périls.

avantages que présenterait le concours : la responsabilité effective de l'entrepreneur qui a dressé les projets, aux lieu et place de la responsabilité morale
des agents de l'Administration; les garanties complètes offertes à l'État par
l'entrepreneur qui a été l'objet du choix d'un jury ou de l'Administration; la
mise en action d'un grand nombre d'intelligences, qui fait naître des idées nouvelles et les conceptions hardies qu'on ne saurait attendre de fonctionnaires
que ne sollicite aucun intérêt personnel ni direct.

Le marché par *voie de concours* tient à la fois de l'adjudication (1), en ce
qu'il est passé avec publicité et concurrence et du *marché de gré à gré*, en ce
que l'Administration se réserve, lorsqu'elle ouvre un concours, toute liberté
d'action pour traiter avec l'auteur des propositions qui lui paraissent les plus
avantageuses, alors même qu'elles ne correspondraient pas à la moindre
dépense.

Il est prévu, en ce qui concerne le Département des Travaux publics, par
l'Instruction ministérielle du 18 février 1892 qui, dans ses articles 26 et suivants, a défini la procédure à suivre. Depuis longtemps déjà, c'est par voie de
concours que sont passés dans le service des Ponts et Chaussées les marchés
concernant le matériel de dragages et l'outillage des ports maritimes.
D'autres ouvrages d'une importance exceptionnelle ou d'une nature spéciale
ont fait l'objet de concours dans ces dernières années et à plusieurs reprises;
notamment, lors de la discussion au Parlement des projets de loi relatifs aux
travaux d'agrandissement des ports de Marseille et du Havre, M. le Ministre
des Travaux publics a manifesté son intention de recourir à cette solution
pour l'exécution d'un certain nombre de grands travaux.

Le marché après concours est également en usage dans le service des Travaux hydrauliques de la Marine, dans ceux des Postes et Télégraphes, des
Bâtiments civils, etc.

Il ne s'agit donc pas d'innover, mais de faire une application plus fréquente
d'une solution qui a été maintes fois expérimentée.

La Commission, tout en reconnaissant les avantages qu'elle peut offrir dans
un très grand nombre de cas, ne pense pas qu'il convienne de faire de son
emploi une règle absolue en matière de grands travaux publics. Il est telles
circonstances, en effet, où l'ouverture d'un concours aurait pour conséquence
de retarder, sans aucun profit, l'exécution de projets urgents (2), d'autres où
par suite de l'importance considérable des capitaux à engager, on pourrait
craindre que l'État fût à la merci d'un très petit nombre de groupements

------

(1) C'est ce qui explique que les entrepreneurs le désignent sous le nom d'*adjudication-concours*,
tandis que dans son instruction du 18 février 1892, le Ministre des Travaux publics l'intitule
Marché de gré à gré après concours.

(2) C'est le cas des nouveaux travaux qui viennent d'être votés par le Parlement pour l'agrandissement du port de Marseille (voir le discours du Ministre des Travaux publics à la séance du
Sénat du 19 janvier 1909).

d'entrepreneurs dont l'entente serait désastreuse au point de vue des intérêts du Trésor (1).

Le mieux paraît être de laisser aux Administrations compétentes la possibilité de choisir, dans chaque cas particulier, le système de marché qui paraît le plus avantageux, et aucune modification de la réglementation en vigueur ne paraît nécessaire pour atteindre ce résultat.

Quant à la composition des jurys appelés à juger les concours, le syndicat demande que « *toutes les compétences et tous les intérêts* » soient représentés. Par tous les intérêts, le Syndicat entend évidemment ceux de l'Administration et ceux des soumissionnaires.

Ainsi que l'avait fait remarquer la Commission de 1895 pour les bureaux d'adjudication, il y aurait de sérieux inconvénients à introduire des membres autres que des représentants du Ministre dans les jurys. Des éléments étrangers en modifieraient le caractère ; les conditions de discrétion et d'impartialité que l'on doit réaliser seraient vraisemblablement moins assurées, alors surtout que des entrepreneurs, des industriels et des commerçants appelés à en faire partie, auraient à donner leur avis sur les titres et les offres des soumissionnaires ayant été ou pouvant devenir des concurrents.

Il n'existe d'ailleurs aucune disposition réglementaire fixant, pour les marchés à passer par voie de concours, la composition des jurys ou commissions chargés de donner leur avis sur les programmes de ces concours et sur leurs résultats. Il appartient au Ministre de choisir dans chaque cas les membres de ces commissions parmi les personnes lui offrant les meilleures garanties quant à la compétence et l'impartialité.

c) Marchés par voie d'adjudication.

Les adjudications publiques et les adjudications restreintes prévues par l'article 3 du décret du 18 novembre 1882 diffèrent en ce que, seules sont admises à ces dernières « les personnes reconnues capables par l'Administration au vu des titres exigés par le cahier des charges et préalablement à l'ouverture des plis renfermant les soumissions ».

Pour les unes comme pour les autres, quand il s'agit de travaux publics, les projets établis par l'Administration comprennent généralement un cahier des charges spécifiant les conditions du marché, un bordereau des prix et un estimation des dépenses établie en appliquant les prix du bordereau aux quantités d'ouvrages à exécuter. — C'est sur ces prix que porte le rabais qui détermine le choix de l'adjudicataire.

Le syndicat professionnel des entrepreneurs de travaux publics demande que pour les travaux courants, l'Administration « *n'indique que les conditions d'exécution et les quantités d'ouvrages de chaque nature, les soumissionnaires devant*

---

(1) Ce serait le cas des nouveaux travaux d'agrandissement du Havre (évalués à plus de 80 millions), si l'on mettait au concours en un seul lot *l'ensemble* de ces travaux, ainsi qu'il a été demandé.

établir les prix d'application de chacun de ces ouvrages et par suite déterminer le montant de l'entreprise ».

Un *desideratum* analogue a été formulé par le Congrès du bâtiment, et des travaux publics, (Paris, novembre 1908.)

Le système dont il s'agit est qualifié de *système mixte* par le syndicat professionnel des entrepreneurs, les deux parties contractantes participant à l'établissement des pièces de l'adjudication ; l'Administration dresse les projets, l'entrepreneur applique les prix.

Dans le mémoire produit à ce sujet au Congrès, le syndicat s'exprime ainsi :

« On conçoit sans peine combien, avec cette manière de procéder, il est nécessaire que l'entrepreneur étudie avec soin le travail qu'il soumissionne et comment l'Administration a plus de chances de se trouver en présence d'offres sérieuses et raisonnées.

« Généralisé, un tel système résoudrait la question des rabais, qui reste insoluble de toute autre façon. Il moraliserait les adjudications ; l'entrepreneur faisant ses prix lui-même, c'est la moitié des difficultés d'exécution et de règlement supprimée ».

On ne saurait méconnaître la valeur de ces considérations. L'obligation pour l'entrepreneur qui désire soumissionner des travaux, d'étudier l'estimation dont il doit fournir les éléments, l'impossibilité pour lui, dans le cas si fréquent de variations dans les quantités prévues des ouvrages, de baser des réclamations sur ce que certains prix sont insuffisants, alors que d'autres sont très rémunérateurs, donnent évidemment à l'Administration de sérieuses garanties quant à la bonne exécution des travaux et au facile règlement des comptes. Ces avantages paraissent d'ailleurs devoir largement compenser l'inconvénient que présente le système au point de vue de la désignation de l'adjudicataire, désignation qui ne peut être faite, séance tenante, que sous réserve de la vérification ultérieure des calculs de l'estimation produite par le soumissionnaire.

Le système dont il s'agit a été expérimenté dans le service des travaux du Canal de Marseille au Rhône (tunnel du Rove) ; il est en usage pour les travaux d'infrastructure des lignes neuves des chemins de fer de l'État et de la Compagnie P.-L.-M. et pour certains travaux spéciaux des lignes de la Compagnie du Nord et de la Compagnie d'Orléans.

Il n'a d'ailleurs rien de contraire aux dispositions du décret du 18 novembre 1882, et rien n'empêche d'en faire une large application, ainsi que le demandent les entrepreneurs, sans qu'il soit besoin de modifier les règles en vigueur pour les adjudications.

§ 3. — Dispositions relatives aux adjudications.

Les conditions fixées pour l'admission aux adjudications et la procédure suivie dans les diverses opérations qu'elles comportent ont donné lieu à d'assez vives réclamations.

a) *Certificats.*

Tout d'abord, le syndicat professionnel des entrepreneurs des travaux publics demande « que la production du casier judiciaire et du certificat de bonne vie et mœurs soit supprimée par les administrations qui les exigent encore, comme vexatoire et inopérante ».

Ces pièces ne sont réclamées par aucune administration de l'État, sauf celle des Beaux-Arts (Bâtiments civils et Palais nationaux) qui exige des soumissionnaires un extrait de leur casier judiciaire (1).

La Commission considère, comme sa devancière de 1895, que la production de certificats de solvabilité, de moralité, de non-faillite, constitue une formalité inutile. (Rapport de M. Boulanger, page XVII.)

Le syndicat professionnel des entrepreneurs demande encore :

a) « Que pour soumissionner des travaux, les entrepreneurs puissent fournir indifféremment pour être soumis au visa des ingénieurs, des certificats relatifs aux travaux exécutés par eux ou une note de références résumant les travaux qu'ils ont faits, avec indication des administrations pour lesquelles ils ont travaillé ; »

b) « Que toute prescription relative à la date d'exécution des travaux aussi bien qu'à celle de la délivrance des certificats soit supprimée du cahier des charges. »

Actuellement, dans les services des Ponts et Chaussées, des Chemins vicinaux et des Travaux hydrauliques de la Marine, on exige des entrepreneurs qui désirent soumissionner, un certificat ayant au plus trois ans de date et visant des travaux exécutés dans les dix dernières années ; il n'est rien spécifié dans les cahiers des charges relatifs aux travaux des bâtiments des Manufactures de l'État et des Services pénitentiaires quant à la date d'exécution des travaux que visent les certificats exigés, mais ces certificats ne doivent pas avoir été délivrés depuis moins de trois ans (Manufactures de l'État) et deux ans (Service pénitentiaire).

Des critiques avaient été déjà formulées contre ces dispositions au sein de la Commission de 1895. On avait notamment signalé que l'obligation de produire un certificat peut écarter de petits entrepreneurs qui offriraient des conditions avantageuses et aussi les entrepreneurs qui n'ont pas encore travaillé pour l'État, que d'ailleurs les Commissions d'adjudication sont en mesure de puiser des renseignements aux sources les plus variées, et finalement la Commission a proposé de remplacer le certificat par des *références* en la forme d'une Note indiquant le lieu, la date, la nature et l'importance des travaux

---

(1) Cahier des clauses et conditions générales arrêté le 31 janvier 1900 par le Ministre de l'Instruction publique et des Beaux-Arts.

exécutés ainsi que les noms, qualités et domiciles des hommes de l'art sous la direction desquels a eu lieu l'exécution de ces travaux; les certificats pourraient être joints à la Note, mais leur production ne serait plus obligatoire.

Ces dispositions donneraient entière satisfaction aux desiderata du syndicat des entrepreneurs. Bien qu'elles aient été l'objet d'un avis favorable du Conseil général des Ponts et Chaussées (mai 1899), elles n'ont pas été mises en vigueur par l'Administration des Travaux publics et comme cette dernière, les Administrations des Travaux hydrauliques de la Marine, des Manufactures de l'État, le Service pénitentiaire, le Service vicinal ont maintenu, pour l'admission aux adjudications de travaux, les conditions dont le syndicat réclame la revision; au contraire, le Ministère des Colonies (Clauses et conditions générales du 20 janvier 1899) et le Ministère de la Guerre (Clauses et conditions générales du 19 avril 1902) ont adopté, pour les références à produire, des dispositions analogues à celles préconisées par la Commission de 1895 (article 3 du texte nouveau du cahier des clauses et conditions générales). Il serait désirable que cet exemple fût suivi dans les autres départements ministériels.

b) Cautionnement.

Conformément aux prescriptions de l'article 4 du décret du 18 novembre 1882, les soumissionnaires sont tenus de déposer un cautionnement pour être admis aux adjudications, et les adjudicataires de déposer un cautionnement définitif pour répondre de leurs engagements; on peut également, aux termes du même article, leur demander à titre exceptionnel d'autres garanties telles que cautions, affectations hypothécaires, dépôt de matières dans les magasins de l'État.

Le principe du versement d'un cautionnement, qui avait été contesté en 1895, ne paraît plus l'être aujourd'hui. Les entrepreneurs de travaux publics se bornent à demander que l'on généralise l'usage de la règle qui fixe le cautionnement provisoire au 1/60e et le cautionnement définitif au 1/30e du montant prévu pour les travaux à l'entreprise.

Cette règle est dès à présent en vigueur dans les administrations des Ponts et Chaussées et des Travaux publics des Colonies. Le Service des Travaux hydrauliques de la Marine et le Service vicinal admettent également la fixation du cautionnement définitif au 1/30e, (sauf disposition spéciale du cahier des charges), mais ne spécifient pas le montant du cautionnement provisoire qui peut d'ailleurs, pour les travaux des chemins vicinaux, être remplacé par une promesse de cautionnement (1).

Pour les travaux de la Guerre, le cautionnement définitif varie de 1/10e à

---

(1) Depuis 1901, la Marine a renoncé, en principe, à exiger un cautionnement provisoire pour les adjudications de fournitures et les entreprises autres que celles des Travaux hydrauliques. Elle considère qu'aux termes du Code civil, les soumissionnaires sont suffisamment engagés du fait de la présentation de leurs offres.

1/20ᵉ; on admet qu'il soit constitué par une retenue effectuée sur le premier acompte.

Les clauses et conditions générales concernant les travaux des Beaux-Arts (Bâtiments civils et Palais nationaux) et de l'Administration pénitentiaire ne fixent aucun chiffre pour la proportion entre le montant du cautionnement et celui de l'entreprise.

Le texte du cahier des clauses et conditions générales arrêté par la Commission de 1895 (art. 4) donne entièrement satisfaction aux desiderata des entrepreneurs quant au montant des cautionnements provisoire et définitif; il n'y a donc rien à innover sur ce point.

Le syndicat des entrepreneurs des travaux publics a aussi exprimé le désir que, quelle que soit la Caisse publique qui a reçu le cautionnement provisoire, celui-ci soit transféré, à la demande de l'adjudicataire, à la Caisse publique désignée dans les pièces d'adjudication pour recevoir le dépôt du cautionnement définitif, que celui-ci soit fait en numéraire ou en valeurs d'État.

La Commission de 1895 avait déjà signalé qu'il est désirable que les formalités à remplir pour transformer les cautionnements provisoires en cautionnements définitifs soient simplifiées dans la mesure du possible. Le syndicat a d'ailleurs saisi lui-même de la question M. le Directeur général de la Caisse des dépôts et consignations qui paraît tout disposé (1) à faciliter les transferts, tout au moins en ce qui concerne les cautionnements en numéraire.

L'attention de M. le Ministre des Finances pourrait être utilement appelée sur l'intérêt qu'il y aurait à donner satisfaction dans la mesure du possible aux desiderata des entrepreneurs.

c) Procédure de l'adjudication publique.

La procédure suivie pour les adjudications publiques n'est pas tout à fait la même dans les diverses Administrations de l'État.

Dans l'Administration des Ponts et Chaussées, cette procédure, telle qu'elle a été fixée par l'ordonnance du 10 mai 1829 et le décret du 18 novembre 1882, est la suivante :

Les paquets contenant les certificats de capacité (visés par l'Ingénieur en chef) et de dépôt du cautionnement provisoire placés sous un premier cachet et la soumission placée sous un second cachet, sont envoyés ou remis avant l'adjudication au Préfet qui préside aux opérations, le Conseil de Préfecture assemblé, en présence de l'Ingénieur en chef.

A l'instant fixé pour l'ouverture des paquets, le premier cachet est rompu publiquement et il est dressé un état des pièces contenues dans ce premier cachet.

---

(1) Lettre du 21 août 1908 adressée à M. le Président du Syndicat des entrepreneurs des travaux publics.

L'état dressé, les concurrents se retirent de la salle d'adjudication, et le Préfet, après avoir consulté les membres du bureau et l'Ingénieur en chef, arrête la liste des concurrents agréés.

Immédiatement après, la séance redevient publique et le Préfet donne lecture de la liste de ces concurrents. Leurs soumissions sont alors ouvertes et le soumissionnaire qui a offert les conditions les plus avantageuses est déclaré adjudicataire.

Une procédure tout à fait analogue est suivie pour les adjudications du Ministère de l'Intérieur (Service vicinal), de l'Administration des Beaux-Arts (Bâtiments civils et Palais nationaux), du Service de l'Hydraulique agricole (Ministère de l'Agriculture), des Travaux hydrauliques de la Marine.

Elle a donné lieu, de la part des entrepreneurs, à de vives réclamations. Ils se sont plaints notamment de ce qu'on les laissait ignorer jusqu'au dernier moment s'ils seraient admis ou non à participer à l'adjudication et de ce qu'ils étaient, livrés sans recours, à l'arbitraire du bureau qui pouvait, sans les avoir entendus et sans fournir aucune explication, leur infliger la honte d'une éviction publique. La crainte de cette éviction, qui est de nature à nuire à leur crédit, pouvait suffire pour écarter des adjudications certains entrepreneurs, qui eussent été cependant en mesure de mener à bonne fin les travaux.

Les entrepreneurs demandaient que les certificats ou notes de références soumis au visa des chefs de service leur fussent retournés trois jours au moins avant l'adjudication, avec l'avis qu'ils étaient ou non admis à soumissionner.

Le Ministre des Travaux publics, saisi de ces desiderata, n'a pas pensé qu'il fût possible d'y donner suite sans déroger aux dispositions de l'ordonnance de 1829 qui attribue au bureau d'adjudication et non au chef de service, le droit d'arrêter la liste des concurrents, c'est-à-dire d'éliminer les soumissionnaires qui ne paraissent pas présenter des garanties suffisantes. Mais il a apporté deux modifications aux errements précédemment suivis: les Préfets ont, par une circulaire du 6 novembre 1907, été invités à faire appeler, au cours des séances d'adjudication, pour être entendus par le bureau et par l'Ingénieur en chef, les entrepreneurs susceptibles d'être exclus; c'est seulement après cette audition, ou un appel infructueux dans la salle d'adjudication, que doit être arrêtée la liste des concurrents admis à soumissionner.

D'autre part, par une circulaire du 20 décembre 1907, le Ministre a recommandé aux Ingénieurs en chef, de convoquer autant que possible, quelques jours avant les adjudications, les entrepreneurs sur le compte desquels ils posséderaient des renseignements insuffisants ou douteux, en vue de leur demander les explications ou les justifications nécessaires. « L'entrepreneur « ainsi admis à dissiper les doutes qui pèsent sur lui, dit la circulaire, aurait

« le moyen de renoncer à l'adjudication avant d'avoir engagé les frais d'étude
« et de cautionnement provisoire, et il pourrait éviter l'échec moral qui
« s'attache toujours à une éviction publique. . . . . »

Ces mesures ont donné satisfaction aux entrepreneurs de travaux publics;
ils demandent qu'elles soient appliquées dans les adjudications des Services
départementaux et municipaux [1].

§ 4. — Entente entre les entrepreneurs.

Au cours de sa déposition, le délégué de la Chambre syndicale des ouvriers
de la maçonnerie, de la pierre et parties similaires du département de la
Seine, a attribué le renchérissement des prix des travaux à l'entente des
entrepreneurs. Ce qui prouve, a-t-il dit, cette entente vis-à-vis de l'Administration, c'est que le même renchérissement ne se manifeste pas dans les
travaux privés ; les rabais ont bien diminué, mais dans une proportion beaucoup moindre que pour les travaux de l'État.

Dès sa première séance, plusieurs membres de la Commission avaient
signalé que pour certains travaux et certaines fournitures qui, eu égard à leur
nature, ne peuvent être soumissionnés que par un nombre limité d'industriels
ou de commerçants, une entente s'est certainement produite dans ces dernières années pour maintenir des prix d'adjudication élevés. Ils avaient expliqué
que c'est surtout lorsqu'une pareille entente existe qu'on pouvait espérer
obtenir par des marchés de gré à gré des conditions relativement avantageuses,
les concurrents n'étant généralement liés que pour les adjudications et re-
prenant leur liberté d'action quand il s'agit de traiter individuellement avec
l'Administration.

---

[1] Si le Syndicat n'a pas mentionné dans ses réclamations la procédure suivie pour les adjudications des travaux de construction du Ministère de la guerre (Génie, Artillerie, Poudres et
Salpêtres), les travaux des manufactures de l'État, des Colonies, c'est que cette procédure leur
donne dès à présent toute satisfaction.

Pour les travaux de la Guerre, les déclarations et références produites par les concurrents sont
transmises au Chef de service intéressé qui recueille les renseignements propres à éclairer la
Commission d'adjudication. Celle-ci tient une séance préparatoire pour statuer sur l'admission
des candidats ; elle entend ceux dont l'exclusion paraît devoir être prononcée, et elle statue sans
appel. Mais le Chef de service peut, s'il y a irrégularité, en référer au Ministre, en vue de faire
réformer la décision de la Commission en temps utile. Les décisions de la Commission sont
notifiées aux intéressés (sans indication de motifs), trois jours francs au moins avant l'adjudication.

Pour les travaux des Manufactures de l'État, les certificats de capacité sont visés par le Directeur
de l'établissement qui délivre ou non au candidat un certificat d'admissibilité à l'adjudication.

Pour les travaux des Colonies, l'Administration décide, suivant les circonstances, si les certificats
de capacité seront joints à la soumission, auquel cas il est procédé à l'élimination des concurrents
lors de l'adjudication, ou s'ils devront être remis à l'Administration à une date antérieure. Dans
ce dernier cas, sur le vu des certificats, le Ministre ou son délégué délivre, s'il y a lieu, au candidat, une autorisation spéciale qui doit être jointe à la soumission,

D'autres membres de la Commission avaient fait remarquer que si les ententes sont à redouter pour certains travaux ou certaines fournitures destinées à la Guerre, à la Marine, aux Télégraphes, au service des Phares et Balises, il en est tout autrement pour la plupart des travaux de l'Administration des Ponts et Chaussées, du service du Génie militaire, du service vicinal, des services d'architecture des Beaux-Arts, des Manufactures de l'Etat ; le nombre des entrepreneurs en mesuré de concourir aux adjudications de ces travaux est tel, et ils sont tellement disséminés dans toutes les régions que les collusions sont rares. Elles ne se produisent, à quelques exceptions près, que pour des lots d'une importance considérable, exigeant des moyens d'action que peu d'entrepreneurs ont à leur disposition, ou pour des lots d'une importance si minime que les entrepreneurs de la localité sont seuls à soumissionner. On peut d'ailleurs, sinon empêcher toute entente, du moins la rendre fort difficile en exigeant (ainsi que le permet l'art. 13, § 2, du décret du 18 novembre 1882) l'envoi des soumissions par lettre recommandée, un jour ou deux avant l'adjudication ; le plus souvent, en effet, c'est sur place, quelques heures avant le moment fixé pour les opérations, que les entrepreneurs prennent contact, se concertent et arrêtent le chiffre du rabais qu'ils inscrivent sur leur soumission. Le Conseil général des Ponts et Chaussées, appelé à examiner la question, à proposé de rendre obligatoire, pour tous les travaux dont la dépense dépasse 50,000 francs, l'envoi des soumissions par lettre recommandée, le dernier jour non férié qui précède l'adjudication, soit au Préfet, soit aux Ingénieurs.

La Commission estime que la généralisation de cette mesure pour les adjudications publiques qui comportent de nombreux concurrents, et que la possibilité pour les autres adjudications de traiter de gré à gré en cas d'insuccès et de s'adresser à la rigueur à des constructeurs ou fournisseurs étrangers, paraissent de nature à empêcher que l'Administration n'ait à subir des exigences abusives de la part de ses entrepreneurs ou de ses fournisseurs.

Elle rappelle d'ailleurs que le décret du 18 novembre 1882 contient une disposition (art. 16) aux termes de laquelle :

« Il peut être fixé par le cahier des charges un délai pour recevoir des offres de rabais sur le prix de l'adjudication. Si pendant ce délai, qui ne doit pas dépasser 20 jours, il est fait une ou plusieurs offres de rabais d'au moins 10 p. 100, il est procédé à une réadjudication entre le premier adjudicataire et l'auteur ou les auteurs des offres de rabais, pourvu qu'ils aient, préalablement à leurs offres, satisfait aux conditions imposées par le cahier des charges pour pouvoir se présenter aux adjudications. »

Cette disposition peut, dans certains cas, empêcher les collusions, et les chefs de service ne doivent pas manquer d'examiner, lorsqu'ils préparent le dossier d'un projet, s'il ne conviendrait pas d'en faire application (1).

II. — OBSERVATIONS RELATIVES AUX CLAUSES DES MARCHÉS.

§. 1er. — Dispositions insérées dans les cahiers des charges.

Le Syndicat professionnel des entrepreneurs de travaux publics et l'Union des Industries métallurgiques et minières attribuent à diverses dispositions des cahiers des charges tant l'abstention des entrepreneurs ou fournisseurs aux adjudications de l'État, que l'élévation relative des prix qu'ils réclament quand ils soumissionnent.

a) *Cautionnements. — Prélèvements.*

Les cahiers des charges stipulent généralement l'obligation de fournir un cautionnement et, pour les travaux de la Marine, de supporter des prélèvements en faveur de la Caisse de prévoyance des Marins français (retenue de 1/2 pour cent sur tous payements, prévue par la loi du 29 décembre 1905).

Sans contester l'utilité de ces dispositions, les intéressés font remarquer qu'elles constituent pour l'entrepreneur une charge qui l'oblige à demander à l'État des prix supérieurs à ceux qu'il pourrait consentir à des particuliers (2).

b) *Conditions d'une sévérité excessive.*

Si l'Administration est obligée d'insérer dans ses marchés, même au prix de sérieux sacrifices, certaines clauses ayant pour objet de sauvegarder les intérêts qui lui sont confiés, elle pourrait, tout au moins, disent les intéressés, éviter de stipuler des conditions qui augmentent, sans nécessité, les charges de l'entrepreneur.

Dans cet ordre d'idées, l'Union des industries métallurgiques et minières signale que, le plus souvent, les mêmes cahiers des charges sont appliqués

---

(1) Il y a certainement des cas où la réadjudication présenterait plus d'inconvénients que d'avantages, — par exemple, quand pour certaines fournitures, l'Administration n'a devant elle qu'un petit nombre d'industriels syndiqués; la réadjudication leur donne alors la possibilité d'enlever le marché à un industriel dissident qui serait adjudicataire ou à l'obliger, pour conserver le marché, à faire un *sur rabais* désastreux, — moyens indirects de le contraindre à se joindre, à l'avenir, à ses collègues syndiqués.

En pareille circonstance, la meilleure solution paraît être de traiter de gré à gré avec l'un des syndiqués et, en cas d'impossibilité d'obtenir des conditions raisonnables, de s'adresser à l'étranger, si la nature de la fourniture le permet.

(2) Le prélèvement fait en faveur de la Caisse de prévoyance des Marins français se traduit finalement par une augmentation du crédit annuel affecté aux travaux de la Marine. Ne serait-il pas plus simple de majorer de pareille somme la subvention accordée à cette caisse?

indifféremment à des ouvrages ayant des destinations très variées sans qu'il soit fait de distinction entre ceux qui demandent une fabrication particulièrement soignée et ceux dont la fabrication devrait être courante. Il en résulte que, pour ces derniers, les prix s'écartent très sensiblement des prix des ouvrages similaires que les constructeurs ont à exécuter pour l'industrie privée.

A l'appui de ces observations, l'Union indique les prescriptions du cahier des charges général type des travaux des Routes nationales (arrêté par le Ministre des Travaux publics le 20 décembre 1904), en ce qui concerne la rivure des tôles de fer et d'acier (art. 75), prescriptions sévères qui devraient s'appliquer aux ouvrages nécessitant des garanties d'étanchéité ou de résistance spéciales, mais non à tous les ouvrages métalliques.

Il n'est pas douteux que les fonctionnaires chargés de préparer les marchés de travaux ou de fournitures pour l'État n'aient une tendance à prévoir l'emploi de matériaux ou de matières premières de choix et une exécution très soignée, et que les exigences correspondantes des cahiers des charges aient une répercussion sur les prix. Mais on ne saurait oublier que pour la plupart des ouvrages de l'État, les considérations relatives à leur durée probable et aux dépenses d'entretien qu'ils nécessiteront sont particulièrement importantes; les solutions comportant les frais de premier établissement les plus élevés sont souvent, tous comptes faits, les plus avantageuses.

Aussi ne serait-il peut-être pas prudent de recommander d'une manière générale aux chefs de service de toujours subordonner à des raisons d'économie les conditions à insérer dans les cahiers des charges quant au choix et à la mise en œuvre des matériaux qui doivent servir à la confection des ouvrages. Il paraît préférable de laisser au Ministre et à ses conseils techniques le soin d'apprécier, dans chaque cas particulier, si les conditions d'exécution prévues aux projets ne sont pas de nature à entraîner des sacrifices hors de proportion avec les avantages à en attendre.

(c) Clauses arbitraires.

Le Syndicat des entrepreneurs de travaux publics avait déjà signalé en 1895 combien il était abusif d'aggraver les conditions d'exécution des ouvrages par des dérogations aux clauses et conditions générales inscrites dans les cahiers des charges particuliers, notamment à celles qui garantissent dans une certaine mesure l'entreprise contre les aléas qu'on rencontre si fréquemment dans les travaux.

« Si l'Administration, qui devrait par simple honnêteté, dit le syndicat, conserver les responsabilités qui lui incombent, soit du fait de projets hâtivement étudiés, soit d'imprévisions inévitables tenant à la nature même des travaux, causes sur lesquelles l'entrepreneur ne peut avoir aucune action, inscrit avec tranquillité que, cependant, celui-ci devra en prendre les conséquences à sa charge, bien qu'il ne puisse, ni les connaître, ni les apprécier, on reconnaîtra qu'il y a là une pratique intolérable, blessant les plus élémentaires notions de l'équité. »

Le Syndicat reconnaît que le Ministre des Travaux publics a donné une satisfaction presque entière aux entrepreneurs des Travaux publics, en adressant aux Ingénieurs l'instruction ministérielle du 17 juillet 1892 qui leur prescrit de ne déroger aux clauses et conditions générales que dans des circonstances exceptionnelles et les oblige à justifier dans chaque cas particulier les dérogations proposées. Aussi se borne-t-il à demander que les mêmes errements soient suivis dans toutes les administrations publiques.

De son côté, l'Union des industries métallurgiques et minières se plaint des clauses des cahiers de charges qui mettent le fournisseur à la discrétion de l'Administration, libre de les interpréter comme elle l'entend, suivant les circonstances.

Elle cite, à titre d'exemple, cette condition que l'on trouve fréquemment dans les marchés de la Marine :

« Les pièces seront exemptes de tout défaut susceptible de nuire à leur solidité et à leur durée...... »

Et encore celle-ci, que l'on relève généralement dans les marchés de blindages :

« Lors même que le résultat des plaques d'essais du lot aurait été jugé suffisant, les plaques de ce lot qui seraient reconnues défectueuses par l'Ingénieur contrôleur seront rejetées et remplacées par d'autres. »

Certains cahiers des charges de l'artillerie prévoient, pour les aciers, des essais de réception comportant deux séries d'opérations, dont une dans l'atelier de l'État, en dehors de la présence des fournisseurs, soit encore stipulent que les lots d'essai répondront à des conditions de fabrication de l'État qu'ils ignorent. La délégation de l'Union ne doute pas que de pareilles dispositions soient de nature à faire hésiter bien des industriels qui seraient en mesure de soumissionner.

Elle a signalé dans le même ordre d'idées, parmi les clauses des cahiers des charges susceptibles de détourner les constructeurs des adjudications de l'État, celles exigeant des garanties d'une durée excessive, telle que celle (5 ans) imposée pour le matériel de différentes poudreries (cahier des charges du Comité des poudres et salpêtres), ou des garanties d'une durée indéterminée, telles que celles imposées pour certain matériel de la Marine dont les essais peuvent être retardés par suite de circonstances indépendantes de la volonté du fournisseur, ou encore des garanties s'appliquant à des dispositifs nouveaux, tels que les appareils moteurs à turbines et les chaudières de torpilleurs au pétrole sur lesquels l'Administration de la Marine n'a, pas plus que le constructeur, des renseignements certains.

La délégation a enfin fait ressortir les charges considérables qui pèsent sur les constructeurs de navires pour la Marine de l'État, par suite du mode d'échelonnement des payements, qui conduit à des découverts considérables ; la perte d'intérêts correspondant à ces découverts pour le cuirassé *Voltaire* ne représenterait pas moins de 950,000 francs.

Les errements suivis par la Marine auraient des conséquences d'autant plus graves que les échéances elles-mêmes seraient rarement respectées, et que les constructeurs n'ont pas toujours droit à des intérêts moratoires en cas de retard dans les payements sur les dates prévues.

Ainsi l'article 18 du marché pour les cuirassés de 18,000 tonneaux porte :

« Par dérogation aux stipulations de l'article 69 des conditions générales, le payement des acomptes relatifs à la présente fourniture ne donnera pas lieu à l'allocation d'intérêts moratoires. »

La Commission considère que ces critiques ne sont pas toutes justifiées. C'est ainsi, par exemple, que la disposition des marchés de la Marine portant que les pièces seront exemptes de tout défaut susceptible de nuire à leur solidité et à leur durée, peut être considérée comme édictée dans l'intérêt du fournisseur, en ce qu'elle autorise la Commission de recette à admettre les défectuosités compatibles avec le bon usage des pièces.

Il ne semble pas non plus excessif de stipuler que des plaques de blindage reconnues défectueuses par l'Ingénieur contrôleur seront rejetées, alors même que le résultat des plaques d'essai du lot eût été jugé suffisant, l'épreuve de tir effectuée sur la plaque d'essai ne pouvant, en effet, dispenser de l'examen individuel des plaques du lot et empêcher des rebuts pour des causes étrangères à l'essai de tir.

Il arrive souvent aussi, et c'est, paraît-il, le cas des moteurs à turbines et des chaudières de torpilleurs au pétrole visés par l'Union, dans sa déposition, que les garanties quant à la consommation exigées par le cahier des charges ne font que traduire des offres faites par des fournisseurs en vue de l'adoption par l'État des dispositions qu'ils préconisent.

Quant aux retards dans les payements effectués par la Marine pour la construction de ses navires, on pourrait faire remarquer que l'échelonnement des échéances, dont l'Union se plaint, est connu au moment de la passation du marché par le constructeur, qui doit en tenir compte quand il établit ses prix ; les intérêts correspondant aux découverts pendant la construction du *Voltaire,* évalués à 950,000 francs environ, se réduiraient d'ailleurs de près de moitié si l'on calculait ces découverts en comparant les sommes successivement versées par l'État au constructeur, non pas à ses dépenses, mais aux sommes qu'il aurait touchées si l'échelonnement des échéances avait été celui du *Patrie,* donné par l'Union comme échelonnement normal.

Plusieurs membres de la Commission ont, en vue d'éviter les réclamations auxquelles donnent lieu les retards dans les payements, proposé de prévoir l'allocation d'intérêts moratoires aux entrepreneurs quand les acomptes n'ont pas été délivrés aux époques fixées.

Ils ne sauraient admettre que l'Administration stipule dans un contrat le payement à la fin de chaque mois d'acomptes correspondant aux neuf dixièmes du montant des travaux exécutés (1), et que ce payement puisse être ajourné sans que l'entrepreneur ait droit à aucun dédommagement (2).

Une pareille mesure serait plutôt avantageuse pour l'État, les soumissionnaires devant consentir de meilleures conditions du moment où ils n'auront plus à redouter les pertes d'intérêt qu'ils subissent aujourd'hui, sans même en avoir pu connaître l'importance lors de la passation du marché.

D'autres membres ont fait remarquer que les plaintes dont la Commission a été saisie ne visent que les travaux de la Marine. Il ne semble pas que dans les autres Administrations, notamment celles de la Guerre et des Travaux publics, qui ont aussi des entreprises considérables, les payements aient fait l'objet de réclamations; ils sont généralement effectués très régulièrement, et les acomptes délivrés dans les délais fixés par le Cahier des clauses et conditions générales. Dans son mémoire relatif à la revision de ce Cahier, le syndicat professionnel des Entrepreneurs de Travaux publics de France n'a demandé aucune modification aux dispositions en vigueur qui comportent l'allocation d'intérêts moratoires seulement dans le cas où l'entreprise n'est pas entièrement soldée trois mois après la réception définitive.

Au surplus, des réclamations pour retards dans les payements ne peuvent guère se produire que :

Si l'on a entrepris des travaux avant l'ouverture du crédit correspondant ;

Ou si l'on a négligé d'ordonnancer les fonds en temps utile ;

Ou encore, si l'on a inséré dans le cahier des charges des dispositions qui subordonnent le payement à des conditions qui peuvent ne pas se trouver remplies sans qu'il y ait faute de l'entrepreneur (3), et si l'on n'a prévu aucun dédommagement, le cas échéant.

Admettre en principe l'allocation d'intérêts moratoires serait encourager les chefs de service à suivre des errements fâcheux, en leur donnant le moyen d'éviter les réclamations qui en sont la conséquence. Aussi, la majorité de la Commission ne croit-elle pas qu'il y ait lieu de modifier les dispositions relatives aux payements.

---

(1) Article 48 du cahier des clauses et conditions générales élaboré par la Commission de 1895.

(2) Article 49 du Cahier des clauses et conditions générales élaboré par la Commission de 1895.

(3) C'est ce qui se produit, par exemple, quand on stipule que des chaudières marines ne pourront être payées qu'après la mise à bord, et si, les chaudières étant prêtes, l'Administration tarde à livrer le navire auquel elles sont destinées.

Elle est d'ailleurs unanime à reconnaître que d'une manière générale, il y a tout intérêt, non seulement pour les entrepreneurs et fournisseurs, mais encore pour l'État, à éviter d'insérer dans les cahiers des charges des conditions mal définies, qui peuvent donner prise à l'arbitraire, ou des conditions aléatoires qui empêchent le soumissionnaire de se rendre compte de l'importance des obligations qu'il contracte.

Des conditions de cette nature présentent le double inconvénient, d'une part, d'écarter certains concurrents sérieux, comme on l'a justement fait remarquer au cours de l'enquête, et d'obliger les autres à proposer des prix majorés en tenant compte des risques à courir; d'autre part, de donner lieu, le plus souvent, dans l'exécution, à des difficultés dont l'État peut avoir à supporter les conséquences.

Aussi la Commission estime-t-elle qu'il conviendrait d'appeler sur ce point l'attention des Ministres intéressés.

§ 2. — Application des clauses des cahiers des charges.

La délégation de l'Union des industries métallurgiques et minières, après avoir critiqué certaines dispositions des cahiers des charges, qui seraient des causes d'abstention des constructeurs ou d'augmentation des prix demandés à l'Administration, a appelé l'attention de la Commission sur le mode d'application des clauses des marchés et présenté à ce sujet diverses observations.

a) *Réception des ouvrages.*

Tout d'abord, l'Administration procéderait à la réception de certains produits avec une sévérité peut-être excessive; il en serait ainsi, notamment, pour les fournitures téléphoniques ou télégraphiques; plusieurs maisons auraient renoncé à soumissionner par suite des ennuis et des frais qu'ont entraînés pour elles de précédentes adjudications. Des instructions devraient être données pour qu'il soit tenu compte dans les réceptions de l'usage auquel le matériel est destiné.

La Commission estime qu'il ne faut jamais exiger, pour l'établissement des ouvrages, d'autres conditions que celles qui répondent aux besoins à satisfaire; mais une fois ces conditions inscrites dans les cahiers des charges, l'Administration doit tenir la main à ce qu'elles soient remplies; prescrire aux agents chargés de la réception d'user de tolérance, serait ouvrir la voie aux abus et encourager les soumissionnaires peu scrupuleux, qui font des rabais excessifs avec l'espérance de se soustraire aux obligations qu'ils ont contractées.

En ce qui concerne spécialement la Marine, la délégation s'est plainte de ce que l'acceptation par l'Ingénieur contrôleur au cours des travaux ne couvre pas le fournisseur contre les demandes de modification de la Commission de recette. C'est ainsi que, pour le cuirassé *Justice*, le constructeur a eu à supporter les pénalités résultant des excédents de poids causés par certaines installations ou fournitures faites par lui à titre gracieux, soit au cours de la construction, sur la demande du service de surveillance, soit au cours des essais, sur la demande du Commandant du navire.

Une réclamation analogue avait été présentée à la Commission de 1895. Dans son rapport, la Sous-Commission des Forges et Constructions disait : « Il importe de définir les attributions du Service du contrôle à l'usine d'une façon assez nette et assez précise pour prévenir le retour de refus de la nature de ceux qui sont signalés...... », et elle concluait qu'il y avait lieu « de demander au Ministre de la Marine de préciser les attributions du Service de contrôle dans les usines, de façon à assurer l'acceptation par les Commissions de recette des changements que le Service sera autorisé à ordonner ».

La Commission ne peut que s'associer à cette conclusion.

b) *Rigueur dans l'application des pénalités pour retards.*

La délégation de l'Union des industries métallurgiques et minières a expliqué qu'autrefois, les Administrations de la Marine et de la Guerre accordaient assez volontiers des prolongations de délais lorsque cette prolongation, par suite des circonstances, ne devait lui causer aucun préjudice et que, dans ces conditions, le fournisseur n'avait pas à tenir compte du risque des pénalités dans l'établissement de son prix.

Il ne paraît plus en être de même aujourd'hui ; les pénalités sont appliquées d'une manière stricte et automatique par les bureaux. Par contre, ajoute la délégation, la Marine refuse de prendre à sa charge aucune indemnité pour retards de son fait dans l'exécution ou la recette des fournitures.

Pour l'Administration des Postes et Télégraphes, la situation serait souvent aggravée en raison de ce que la date de la livraison serait reportée au moment où les retouches réclamées lors de la réception ont été effectuées, de telle sorte que le retard peut dépendre du temps plus ou moins long que l'Administration a mis à examiner le lot et à demander des retouches. D'autre part, il lui arriverait de laisser écouler une vingtaine de jours entre le moment où on la prie de venir effectuer la réception et celui où elle envoie les procès-verbaux de réception signés, sans lesquels on ne peut faire l'expédition des pièces ; des pénalités seraient alors encourues pour ces vingt jours de retard.

Sans s'arrêter à ces dernières réclamations, qui portent sur des faits isolés dont l'Administration compétente aurait vraisemblablement été la première à empêcher le retour, s'ils lui avaient été signalés directement, la Commission a envisagé la question plus générale des retenues pour retards et de la remise des pénalités qui avait été déjà longuement discutée au sein de la Commission de 1895.

Dans son rapport, M. le Premier Président Boulanger a résumé cette discussion et fait ressortir les considérations suivantes, qui n'ont rien perdu de leur valeur et répondent aux observations de la délégation :

« Il est toujours fâcheux que les conditions d'un traité soient acceptées avec l'espoir plus ou moins fondé que l'exécution n'en sera pas exigée. L'idée que ces conditions ne sont plus absolues et qu'il sera possible d'y échapper ne peut que favoriser les tentatives des entrepreneurs les moins recommandables au détriment des plus consciencieux.

« Pour des motifs analogues, la remise des pénalités qui modifie après coup les obligations stipulées dans le marché et porte ainsi une certaine atteinte au principe de la concurrence ne doit être accordée que pour des motifs sérieux..... »

La Commission partage complètement cette manière de voir.

§ 3. — Dispositions insérées dans les cahiers des clauses et conditions générales.

La délégation du Syndicat professionnel des entrepreneurs de travaux publics ne s'est pas bornée à protester contre certaines dispositions des cahiers des charges relatifs à des marchés de travaux, elle a critiqué diverses clauses des cahiers des clauses et conditions générales en usage dans les diverses administrations et présenté à ce sujet des observations que la Commission a successivement examinées.

a) *Retenue de garantie.*

Les cahiers des clauses et conditions générales auxquels sont soumis les travaux des Ponts et Chaussées, de la Marine (travaux hydrauliques), de la Guerre (constructions militaires), de l'Intérieur (bâtiments du Service pénitentiaire et Service vicinal), stipulent tous qu'une retenue de garantie, (dont l'importance varie suivant les cas), sera opérée sur les décomptes partiels (généralement mensuels ou bi-mensuels des ouvrages exécutés) et qu'elle ne sera restituée qu'après la réception définitive. (Il n'est fait d'exception quant à cette restitution, que pour l'Administration de la Guerre, qui règle à la fin de chaque année les travaux exécutés et rembourse la retenue faite au cours de l'exercice précédent.)

Le Syndicat professionnel des entrepreneurs a exprimé le vœu :

Que le remboursement partiel du cautionnement définitif ait lieu chaque semestre, ce remboursement étant de valeur égale à la retenue de garantie opérée sur les situations provisoires de travaux exécutés;

Que la retenue de garantie ne soit jamais supérieure au dixième de ces situations;

Que la retenue cesse d'être opérée quand elle atteint le montant du cautionnement définitif qu'elle doit remplacer, celui-ci se trouvant alors remboursé conformément aux indications ci-dessus.

Le Syndicat considère, en définitive, que la retenue de garantie fait double emploi avec le cautionnement, et les dispositions proposées ont pour objet de substituer progressivement au cautionnement une retenue de garantie d'égale valeur.

Ce double emploi est plus apparent que réel, la retenue de garantie ayant pour objet d'augmenter en quelque sorte, — dans les conditions les moins onéreuses pour l'entrepreneur, — le montant du cautionnement, qui serait insuffisant, dans la plupart des cas, pour couvrir l'Administration. Il y a lieu de considérer, en effet, qu'au cours des travaux, l'Administration donne à l'entrepreneur des acomptes successifs, sur le vu des situations sur lesquelles sont portées les quantités d'ouvrages exécutées et de matériaux approvisionnées. Les retenues de un dixième sur le prix des ouvrages et de un cinquième sur le prix des matériaux, telles qu'elles sont fixées par l'article 44 du cahier des clauses et conditions générales élaboré par la Commission de 1895, n'ont rien d'excessif, étant donné que, d'une part, les quantités portées en compte résultent de métrés *sommaires, approximatifs,* qui peuvent notablement différer en trop des quantités réellement dues, et que, d'autre part, l'Administration est exposée à reconnaître des malfaçons dans les ouvrages et à refuser une partie des matériaux approvisionnés, lors des réceptions auxquelles il doit être procédé ultérieurement. S'il s'agit, par exemple, d'une entreprise de travaux montant à 600,000 francs, le cautionnement définitif fixé au trentième (1) de l'estimation, soit à 20,000 francs, ne permettrait pas à l'Administration de donner en toute sécurité des acomptes pouvant s'élever à 4 ou 500,000 francs, avant qu'aucune réception provisoire ait pu être régulièrement effectuée.

La Commission reconnaît volontiers que pour certaines entreprises, la retenue de garantie fixée par l'article 44 du cahier des clauses et conditions générales est plus que suffisante, eu égard à l'importance ou à la nature des ouvrages; mais rien n'empêche de la réduire, s'il y a lieu, par application de l'article 45 qui porte :

« Si la retenue du dixième est jugée excéder la proportion nécessaire pour la garantie de l'entreprise, il peut être stipulé au devis ou décidé en cours d'exécution qu'elle cessera de s'accroître lorsqu'elle aura atteint un maximum déterminé. »

L'Administration des Ponts et Chaussées fait très fréquemment usage de cette disposition qui paraît de nature à donner satisfaction à tout ce que peuvent avoir de légitime les réclamations du Syndicat des entrepreneurs.

---

(1) C'est la proportion demandée par les entrepreneurs eux-mêmes.

b) *Mise en régie.*

On reproduira ici, pour mémoire, le vœu du Syndicat des entrepreneurs :

« Que l'exécution des travaux publics soit toujours confiée à des entrepreneurs, leur exécution directe en régie, par les fonctionnaires de l'Administration, ne devant être autorisée que dans des cas absolument exceptionnels appréciés par le pouvoir central. »

Les Administrations admettent, dès à présent, que l'exécution des travaux à l'entreprise est généralement plus avantageuse que l'exécution en régie et il est de règle de n'avoir recours à ce dernier mode que pour des travaux d'une nature toute spéciale.

Le Syndicat a aussi demandé « que la mise en régie de travaux confiés à un entrepreneur ne puisse être prononcée par les Administrations locales qu'après une enquête de l'Administration supérieure où les fonctionnaires locaux intéressés et l'entrepreneur seront entendus contradictoirement, et seulement lorsque, après cette enquête, l'Administration centrale l'aura autorisée. »

Les cahiers des clauses et conditions générales des travaux de la Guerre, de la Marine, des Ponts et Chaussées, prévoient l'établissement d'une régie aux frais de l'entrepreneur, à l'expiration du délai fixé par une mise en demeure, délai qui, sauf les cas d'urgence, ne peut être moindre que dix jours. La régie est ordonnée par l'autorité locale; mais il en est aussitôt rendu compte au Ministre qui peut, selon les circonstances, soit prescrire la continuation de la régie, soit prononcer la résiliation de l'entreprise, soit ordonner une nouvelle adjudication à la folle enchère de l'entrepreneur (1).

Le Syndicat, considérant que la mise en régie est une mesure grave, toujours regrettable, désirerait qu'elle fût entourée de garanties extrêmement sérieuses; une Commission de contrôle devrait, lorsqu'une proposition de mise en régie est faite par le service local, se rendre sur les chantiers et y entendre contradictoirement les explications des agents de l'Administration et des entrepreneurs.

La Commission fait remarquer que, si la mise en régie est fâcheuse pour l'entrepreneur, elle l'est aussi très fréquemment pour l'Administration; les difficultés de toutes natures qu'entraîne cette mesure sont telles que les Chefs de service ne la proposent qu'en cas de nécessité absolue, le plus souvent qu'en cas d'urgence. Dans ce dernier cas, il serait impossible, sans compro-

---

(1) Pour les travaux de l'Administration des Beaux-Arts et du Service pénitentiaire (Intérieur), c'est l'Administration centrale qui met en demeure et ordonne la régie.

mettre les intérêts de l'État, d'attendre, pour prononcer la mise en régie, qu'à l'expiration du délai fixé par la mise en demeure, une Commission formée à Paris (1) se soit rendue sur les lieux et ait adressé au Ministre un rapport sur les résultats de l'enquête contradictoire à laquelle elle aurait procédé. Mais la Commission reconnaît volontiers que, dans les autres cas, il peut être utile que les faits qui déterminent les services locaux à proposer au préfet la mise en régie soient examinés par des fonctionnaires n'ayant pas eu à intervenir dans les difficultés et les discussions qui précèdent généralement l'application des mesures de rigueur. Aussi serait-elle d'avis de stipuler que, sauf le cas d'urgence, le préfet, avant de prendre l'arrêté de mise en régie proposé par le Chef de service, devra en référer au Ministre. Saisi du dossier, le Ministre, avant de se prononcer, demandera l'avis suivant les circonstances et notamment l'importance de l'affaire, soit d'un fonctionnaire supérieur, soit du conseil technique compétent; l'entrepreneur et l'État auront ainsi toutes garanties, le cas échéant, quant à la légitimité de la mesure prise pour assurer l'exécution des travaux.

A la suite des observations présentées par quelques-uns de ses membres, la Commission s'est demandé s'il ne conviendrait pas de prévoir, ainsi que l'a fait l'Administration des Travaux publics des Colonies, l'exécution d'office par les soins de l'Administration et aux frais de l'entreprise d'une partie des travaux compris au marché, après l'accomplissement de formalités semblables à celles prescrites pour la mise en régie.

Sans méconnaître les avantages que peut offrir la *régie partielle* dans certaines circonstances exceptionnelles, la Commission considère que ces avantages seraient compensés et au delà dans la plupart des cas par les difficultés qu'elle permettrait à l'entrepreneur de soulever. Aux réclamations auxquelles donne lieu le plus souvent la mise en régie totale viendraient s'ajouter celles résultant de l'emploi en commun du matériel, des chemins de service, des installations de l'entrepreneur. Il ne manquerait pas de faire valoir, le cas échéant, que la mise en régie partielle paralyse ses moyens d'action en compromettant son crédit, que l'établissement du chantier de l'Administration dans ses propres chantiers entrave ses travaux ou l'oblige à modifier les dispositions générales arrêtées pour leur exécution, que les ouvrages exécutés d'office étaient les meilleurs de l'entreprise et que par suite les prix des autres ouvrages devront être relevés, etc.

En définitive, il semble que quand des difficultés s'élèvent quant à l'exécution d'une partie des ouvrages faisant l'objet du marché, il y a avantage pour l'État à les résoudre à l'amiable, même au prix de quelques sacrifices, et qu'en cas d'impossibilité d'une entente amiable, la mise en régie totale est encore la moins mauvaise des solutions, sauf pour l'Administration à relever

---

(1) Ou encore un délégué du Ministre. (Voir l'article 35 du Cahier des clauses et conditions générales, page 89, 2° colonne.)

ensuite l'entrepreneur de la régie pour tout ou partie des travaux conformément aux dispositions du paragraphe 6 de l'article 35, s'il justifie des moyens
nécessaires pour les reprendre.

La Commission ajoute que si la mise en régie partielle n'est pas prévue par
le cahier des clauses et conditions générales, il ne s'ensuit pas que l'Administration ne puisse, dans des circonstances spéciales, se réserver la faculté de faire
exécuter d'office, aux frais de l'entrepreneur, certains ouvrages ou certaines
fournitures qui seraient en souffrance. C'est ainsi qu'il est stipulé généralement dans les cahiers des charges des marchés de fournitures de ciment passés en vue de l'exécution des travaux maritimes, que l'Administration des
Ponts et Chaussées conserve le droit de procéder à des achats d'office aux
frais du fournisseur si des commandes n'ont pas été livrées, ou en cas de
rebut, n'ont pas été remplacées, dans les délais fixés. On conçoit qu'il y ait un
intérêt de premier ordre à ce que de grands chantiers ne puissent être arrêtés
par suite de la négligence ou du défaut de moyens d'un fournisseur et qu'il
faille prévoir les mesures à prendre, si cette éventualité était à redouter.

c) La grève considérée comme cas de force majeure.

Le Syndicat des entrepreneurs de travaux publics a exposé que la Cour de
cassation a admis la grève comme cas de force majeure dans certaines circonstances et ne l'a pas admise dans d'autres; la jurisprudence a fait à ce
sujet de subtiles distinctions, dit le syndicat. Il y voit un danger pour l'entrepreneur et il exprime le vœu :

« Que la grève soit toujours considérée comme cas de force majeure lorsqu'il est établi que l'entrepreneur n'a pu ni la prévenir, ni en arrêter les effets. »

L'article 23 du cahier des clauses et conditions générales serait complété
dans ce sens.

De son côté, l'Union des industries métallurgiques et minières constate
que dans la plupart des marchés passés avec les particuliers, les industriels
prévoient aujourd'hui la grève comme un cas de force majeure pouvant entraîner des retards dans les livraisons, et que les Administrations de l'État,
non seulement ne veulent pas entrer dans cette voie, mais encore refusent
a priori de considérer les grèves comme pouvant constituer des cas de force
majeure, en raison des circonstances.

L'Union reconnaît qu'en la matière, il ne peut être posé de règle absolue;
mais elle demande que les circonstances de fait soient appréciées par l'Administration dans un large esprit d'équité.

La Commission craint que l'Union ait été inexactement renseignée quant
à la manière de voir actuelle des diverses administrations de l'État; aucune

d'elles ne refuse d'admettre que la grève puisse, dans certaines circonstances, constituer un cas de force majeure (1).

Quant à l'addition au cahier des clauses et conditions générales réclamée par le Syndicat des entrepreneurs, elle présenterait plus d'inconvénients que d'avantages. Elle ne donne, en effet, pour spécifier les cas où la force majeure peut être invoquée, qu'une formule limitative, comportant des conditions dont l'appréciation, fort délicate, serait une source de contestations; les entrepreneurs ne trouveraient dans l'addition qu'ils ont réclamée, d'autres garanties que celles qu'ils tiennent de la jurisprudence, telle qu'elle ressort d'un arrêt récent du Conseil d'État (29 janvier 1909, — Recours de la Compagnie des Messageries maritimes contre une décision du Ministre du commerce, à la suite des grèves de Marseille de 1904). On lit, en effet, dans cet arrêt :

« . . . . . . Considérant que les grèves partielles ou générales qui peuvent se produire au cours d'une entreprise n'ont pas nécessairement au point de vue de l'exécution du contrat qui lie l'entrepreneur au maître de l'ouvrage, le caractère d'événement de force majeure.

« Qu'il y a lieu, dans chaque espèce, par l'examen des faits de la cause, de rechercher si la grève a eu pour origine une faute grave de l'entrepreneur, si elle pouvait être évitée ou arrêtée par lui, et si elle a constitué pour lui un obstacle insurmontable à l'accomplissement de ses obligations. »

La question dont il s'agit a d'ailleurs été examinée au cours des délibérations de la Commission de 1895. L'un de ses membres ayant proposé d'insérer dans les cahiers des charges une disposition portant que « les entrepreneurs pourront invoquer les circonstances résultant d'une grève survenue dans leurs ateliers ou sur leurs chantiers, lorsqu'il y aura eu de ce chef entrave manifeste à l'exécution du contrat », la majorité a estimé qu'il vaut mieux s'en rapporter à la jurisprudence du soin de déclarer si la grève l'a réellement rendue impossible. Tel est aussi l'avis de la Commission.

d) *Revision des prix du marché.*

Le Syndicat professionnel des entrepreneurs de travaux publics explique que le décret du 10 août 1899 porte (art. 3), en ce qui concerne les bordereaux du taux normal et courant des salaires et de la durée normale et courante de la journée de travail.

« . . . qu'ils pourront être revisés sur la demande des patrons et des ouvriers, dès que les variations dans le taux des salaires auront reçu une application générale dans l'industrie en cause. »

Et que l'Administration a commencé à fausser l'esprit du décret en fixant arbitrairement à 33 p. 100 la variation du taux des salaires qui serait néces-

---

(1) Cette question devait faire l'objet d'une circulaire du Ministre de la Marine. Appelé à donner son avis sur le projet de cette circulaire, le Conseil général des Ponts et Chaussées n'a pas mis en doute (séance du 24 décembre 1908) que certains faits de grève puissent être invoqués comme cas de force majeure.

saire pour que la revision prévue (1) pût avoir lieu. Elle annihile ensuite, complètement, la disposition du décret protectrice des droits de l'entrepreneur en refusant de procéder, non à la revision elle-même, mais même à l'enquête demandée par celui-ci en vue d'établir le droit à la revision. L'Administration prétendait qu'à elle seule appartenait l'initiative d'une telle mesure, et le Conseil d'État lui donna raison.

Le Syndicat en conclut que le droit à la revision des prix n'existe pas, et que, qu'elles que soient les exigences de la main-d'œuvre, l'entrepreneur doit les subir.

L'arrêt du Conseil d'État auquel fait allusion le Syndicat a été rendu le 3 mai 1907, dans l'affaire Graveron et Allary, entrepreneurs, contre le Ministre des Travaux publics qui avait rejeté la demande de revision du bordereau du taux normal des salaires par eux présentée en vue de la revision correspondante des prix de leur entreprise.

Il est motivé par un considérant ainsi conçu :

« Que si, après qu'il a été procédé dans les conditions prévues aux paragraphes 1° et 2° de l'article 3 du décret du 10 août 1899 à la revision du taux des salaires normaux, l'entrepreneur est fondé à exiger une revision correspondante des prix de son marché, il résulte, tant des termes du décret que de la procédure suivant laquelle est opérée la revision du bordereau des salaires, qu'il appartient à l'Administration seule d'apprécier s'il y a lieu ou non de procéder à cette opération préalable, — qu'en dehors du cas où le taux des salaires normaux aurait été élevé par l'Administration dans la proportion prévue au cahier des charges, l'entrepreneur ne peut revenir sur les prix consentis par lui, sauf la faculté, dans le cas prévu par l'article 33 du cahier des clauses et conditions générales, de demander la résiliation de son marché sans indemnité ; — qu'ainsi c'est avec raison que le Conseil de préfecture a refusé d'ordonner la revision du bordereau des salaires demandée par les requérants. »

Cet arrêt reconnaît effectivement qu'il appartient à l'Administration seule d'apprécier la convenance de la revision du bordereau des salaires. En lui

---

(1) L'article 3 est ainsi conçu : « La constatation ou la vérification du taux normal et courant des salaires et de la durée normale et courante de la journée de travail sera faite par les soins de l'Administration qui devra : 1° se référer, autant que possible, aux accords entre les syndicats patronaux et ouvriers de la localité ou de la région ; à défaut de cette entente, provoquer l'avis de commissions mixtes composées en nombre égal de patrons et d'ouvriers ; et, en outre se munir de tous renseignements utiles auprès des syndicats professionnels, conseils de prud'hommes, ingénieurs, architectes départementaux et communaux et autres personnes compétentes. Les bordereaux résultant de cette constatation devront être joints à chaque cahier des charges, sauf dans les cas d'impossibilité matérielle. Ils seront affichés dans les chantiers ou ateliers où les travaux sont exécutés. Ils pourront être revisés sur la demande des patrons ou des ouvriers, lorsque des variations dans le taux des salaires ou la durée du travail journalier auront reçu une application générale dans l'industrie en cause. Cette revision sera faite dans les conditions indiquées sous les n°° 1° et 2° du présent article. Une revision correspondante des prix du marché pourra être réclamée par l'entrepreneur ou effectuée d'office par l'Administration, quand des variations ainsi constatées dans le taux des salaires ou la durée du travail journalier dépasseront les limites fixées par le cahier des charges. »

contestant ce droit, le syndicat paraît perdre de vue que le décret de 1899 a eu pour objet, non pas de modifier au profit de l'entrepreneur les clauses et conditions générales des marchés de l'État, mais seulement de réglementer les rapports des patrons et des ouvriers, et particulièrement d'assurer à ces derniers un salaire minimum.

De ce que l'Administration ait cru devoir refuser de procéder à la revision du bordereau des salaires quand elle était réclamée par un entrepreneur en vue d'une augmentation des prix de son marché, il ne faut pas en conclure, comme le syndicat, que « le droit à la revision des prix n'existe pas », que l'article 3 du décret ne puisse jamais recevoir d'application sur ce point.

L'Administration peut être conduite à reviser le bordereau des salaires sur la demande d'un entrepreneur au cas où il se serait produit une baisse des prix normaux, de 20 p. 100 par exemple, dont cette revision lui permettrait de profiter sans que l'Administration, qui aurait stipulé au cahier des charges une variation minimum de 33 p. 100 pour ouvrir le droit à la revision des prix des marchés, puisse réduire ces prix.

L'Administration pourrait encore être amenée à reviser le bordereau des salaires, sur la demande des ouvriers, au cas où il se serait produit une hausse des prix normaux et c'est alors — l'augmentation atteignant le chiffre fixé au cahier des charges, (33 p. 100 par exemple), pour la revision des prix — que l'entrepreneur serait fondé à exiger cette revision.

La jurisprudence inaugurée par le Conseil d'État paraît tout à fait en harmonie avec les dispositions du décret de 1899 dont l'objectif est l'amélioration des conditions du travail des ouvriers employés dans les chantiers de l'État. La revision des prix du marché prévue en cas de revision du bordereau des salaires a pour objet, non de soustraire d'une manière générale l'entrepreneur à l'un des aléas de l'entreprise, mais de faire retomber cet aléa sur l'Administration dans le cas seulement où son intervention a pu en rendre les conséquences plus onéreuses. Quand l'Administration n'est pas venue aggraver, par une revision du bordereau des salaires, les obligations de l'entrepreneur vis-à-vis de ses ouvriers, le décret de 1899 ne saurait être invoqué par lui, pour déroger à celles des clauses et conditions générales qui sont relatives au cas de variations survenant dans les prix au cours des travaux. Si elles se bornent à prévoir qu'en cas d'augmentation de 1/6e du montant des travaux, par suite de ces variations, le droit à la résiliation du marché sera acquis à l'entrepreneur, il ne peut, le cas échéant, rien prétendre au-delà.

Le syndicat paraît donc mal fondé dans sa réclamation et on ne pourrait y faire droit qu'en faussant l'esprit du décret de 1899.

Est-ce à dire que les dispositions actuellement en vigueur soient toutes à l'abri des critiques?

La Commission ne le pense pas. Il semblerait rationnel qu'en cas de revision du bordereau du taux des salaires et de la durée de la journée de travail, la variation donnant droit pour l'entrepreneur à une revision correspondante des prix de son marché, fût, pour tous les travaux de l'État, établie sur des bases analogues.

Pour les marchés de la Marine, comme pour les marchés du Département des Travaux publics, on s'est reporté à l'article 33 du cahier des clauses et conditions générales (1) qui ouvre à l'entrepreneur le droit à la résiliation sans indemnité quand, par suite de la variation des prix, la dépense totale des ouvrages restant à exécuter d'après le devis se trouve augmentée de $1/6^e$, comparativement aux estimations du projet.

Partant de là, on a jugé équitable d'admettre ce chiffre de $1/6^e$, soit 16,7 p. 100, pour l'augmentation du prix total des ouvrages restant à exécuter qui pourra ouvrir le droit à la revision. Si $\frac{a}{100}$ représente le rapport moyen du prix de la main-d'œuvre au prix total des ouvrages d'après les estimations du projet, il faut une augmentation de $\frac{16,7}{a}$ du prix de la main-d'œuvre porté au bordereau du taux des salaires pour donner droit à la revision des prix du marché (2).

C'est ainsi, dit l'Instruction du 27 novembre 1899, § l, du Ministre de la Marine, que, pour un marché de confection où le prix de la main-d'œuvre représente le 1/4 du prix total du marché, $a = 25$ et $\frac{16,7}{25} = 0.667$; il faudra donc une augmentation de 66.7 p. 100 du taux des salaires pour qu'une demande en revision doive être prise en considération.

Pour un marché de façonnage, où le prix de la main-d'œuvre représente 95 p. 100 du prix total, $\frac{16,7}{95} = 0.17$, il suffira d'une augmentation de 17 p. 100.

Dans les travaux du Service des Ponts et Chaussées, on admet généralement que la main-d'œuvre entre pour moitié dans le prix des ouvrages; aussi la circulaire du Ministre des Travaux publics du 17 octobre 1900 indique-t-elle, sauf exception à justifier, la proportion de 33 p. 100 (3) qu'a visée le Syndicat des entrepreneurs dans ses observations.

Pour les travaux du Ministère de la Guerre, les instructions du 31 décembre 1905 (annexe provisoire au cahier des clauses et conditions générales du 19 avril 1902) fixent à 20 p. 100 la variation du taux des salaires normaux ou de la durée normale de la journée de travail susceptible d'ouvrir le droit à la revision des prix du marché. Il convient de signaler que l'article 33 du cahier

---

(1) Du 1er juillet 1884 pour les travaux hydrauliques de la Marine, du 16 février 1892 pour les travaux de l'Administration des Ponts et Chaussées.

(2) 100 étant le prix total des ouvrages,

    a celui de la main-d'œuvre,

    x l'augmentation du prix de la main-d'œuvre qui correspond à une augmentation du prix total de 1/6 ou 0.167,

    on doit avoir :

$$x \times a = 100 \times 0.167,$$

$$\text{d'où } x = \frac{16.7}{a}.$$

(3) $\frac{16.7}{50} = 0,33$.

des clauses et conditions générales de la Guerre prévoit la résiliation dans le cas d'augmentation de 1/6ᵉ du prix des matériaux, tandis que les articles correspondants des travaux hydrauliques de la Marine et des Ponts et Chaussées visent une augmentation de 1/6ᵉ dans les prix, sans faire de distinction entre les matériaux et la main-d'œuvre.

Dans le nouveau cahier des clauses et conditions générales en préparation au Ministère de la Guerre, les dispositions des articles 33 (variations dans les prix) et 43 (revision des prix) sont analogues à celles adoptées dans le Service des Ponts et Chaussées (résiliation dans le cas d'augmentation des prix de 1/6ᵉ, revision des prix au cas de variation de 33 p. 100 du taux des salaires normaux).

L'Administration des Beaux-Arts (bâtiments civils et palais nationaux) a admis pour les travaux d'entretien et de grosses réparations (Instruction du 23 juin 1900, art. 19) qu'une variation minimum de 15 p. 100 donne droit à la revision des prix.

Le chiffre de 25 p. 100 est généralement adopté dans les travaux des Manufactures de l'État.

La Commission pense qu'il conviendrait d'admettre pour tous les marchés que la revision des prix pourra être réclamée par l'entrepreneur, ou effectuée d'office par l'Administration, si les variations constatées dans le taux normal des salaires ou la durée normale de la journée de travail sont telles qu'il en résulte pour la dépense totale des ouvrages restant à exécuter une différence (1) atteignant la proportion de 1/6ᵉ. C'est dans ce sens qu'a été complété l'article 42 du cahier des clauses et conditions générales (voir page 141).

La question de la revision des prix des marchés basée sur la variation du taux des salaires ayant soulevé de nombreuses difficultés, il ne serait pas inutile de signaler aux chefs de service chargés de la rédaction des projets que l'ouverture de grands chantiers a le plus souvent pour effet d'amener un relèvement du taux des salaires dans la région. Les entrepreneurs sont fréquemment obligés de donner à leurs ouvriers, dès le début des travaux, un salaire supérieur au salaire courant précédemment constaté. Il y a donc lieu, quand on dresse le bordereau des prix élémentaires des ouvrages à insérer dans un marché, de prendre pour base de ces prix un taux de salaires toujours au moins égal et, dans certains cas, supérieur à celui porté au bordereau des salaires normaux qui sera joint au cahier.

§ 4. — Projet de revision du cahier des clauses et conditions générales élaboré par la Commission de 1895.

Indépendamment des observations qui font l'objet des paragraphes qui précèdent, le Syndicat professionnel des entrepreneurs de travaux publics de

---

(1) Différence en plus ou en moins : *en plus*, si, le bordereau ayant été revisé sur la demande des ouvriers, le taux normal des salaires a été augmenté ; *en moins*, si, le bordereau ayant été revisé sur la demande de l'entrepreneur, le taux normal des salaires a été réduit.

France en a formulé quelques autres, à la suite d'une consultation de ses adhérents, et il a soumis à la Commission un projet de révision du cahier des clauses et conditions générales arrêté par la Commission de 1895.

On a reproduit ci-dessous le texte de la Commission de 1895, le texte modifié par le Syndicat, et on a consigné en regard les observations auxquelles donnent lieu les modifications demandées.

TEXTE proposé en 1897 par la Commission extra-parlementaire des marchés et adjudications de l'État.	**MODIFICATIONS** proposées par le Syndicat professionnel des entrepreneurs de travaux publics de France.	**OBSERVATIONS DE LA COMMISSION.**
ARTICLE PREMIER.	**ARTICLE PREMIER.**	**ARTICLE PREMIER.**
Dispositions générales.	**Dispositions générales.**	**Dispositions générales.**
Tous les marchés relatifs à l'exécution des travaux dépendant de l'Administration des Ponts et Chaussées, qu'ils soient passés dans la forme d'adjudication publique ou qu'ils résultent de conventions faites de gré à gré, sont soumis, en tout ce qui leur est applicable, aux dispositions suivantes.	Sans changement.	"
TITRE PREMIER.	**TITRE PREMIER.**	**TITRE PREMIER.**
ADJUDICATIONS.	**ADJUDICATIONS.**	**ADJUDICATIONS.**
ART. 2.	**ART. 2.**	**ART. 2.**
Nul n'est admis à concourir aux adjudications s'il ne produit une déclaration indiquant son intention de soumissionner, des références et un acte régulier de cautionnement, le tout sauf l'exception stipulée au dernier paragraphe de l'article suivant et les autres exceptions autorisées par les lois, décrets et règlements en vigueur.	Sans changement.	"
ART. 3.	**ART. 3.**	**ART. 3.**
Déclaration et références.	**Déclaration et références.**	**Déclaration et références.**
La déclaration fait connaître les nom, prénoms, qualité et domicile du candidat. Les références consistent en une note émanant du candidat et indiquant le lieu, la date, la nature et l'importance des travaux qu'il a exécutés,	La déclaration fait connaître les nom, prénoms, qualité et domicile du candidat. Les références consistent en une note émanant du candidat et indiquant le lieu, la date, la nature et l'importance des travaux qu'il a exécutés,	Il a été expliqué plus haut (page 46, Procédure de l'adjudication publique), que les dispositions additionnelles proposées relativement à l'éviction des candidats ne soulèvent pas d'objections; elles sont conformes aux récentes instructions du Ministre des Travaux

TEXTE proposé en 1897 par la Commission extra-parlementaire des marchés et adjudications de l'État.	MODIFICATIONS proposées par le Syndicat professionnel des entrepreneurs de travaux publics de France.	OBSERVATIONS DE LA COMMISSION.
ainsi que les noms, qualités et domiciles des hommes de l'art sous la direction desquels il les a exécutés. Les certificats délivrés par ces hommes de l'art peuvent être joints à la note. La déclaration et les références sont présentées, huit jours au moins avant l'adjudication, à l'ingénieur en chef qui doit les viser à titre de communication. Il n'est pas exigé de références pour la fourniture des matériaux destinés à l'exécution des routes en empierrement, ni pour les travaux de terrassement dont l'estimation ne s'élève pas à plus de 20,000 francs.	ainsi que les noms, qualités et domiciles des hommes de l'art sous la direction desquels il les a exécutés. Les certificats délivrés par ces hommes de l'art peuvent être joints à la note. La déclaration et les références sont présentées, huit jours au moins avant l'adjudication, à l'ingénieur en chef qui doit les viser à titre de communication. *L'éviction d'un candidat ne pourra être prononcée sans que celui-ci ait été appelé à fournir à l'ingénieur en chef les explications et justifications jugées nécessaires, au moins trois jours francs avant le dépôt des soumissions, et, éventuellement, à la Commission d'adjudication avant la séance publique.* Il n'est pas exigé de références pour la fourniture des matériaux destinés à l'exécution des routes en empierrement, ni pour les travaux de terrassement dont l'estimation ne s'élève pas à plus de 20,000 francs.	publics concernant les adjudications du service des Ponts et Chaussées, à cette seule différence près qu'il n'a été fixé aucun délai pour la convocation de l'entrepreneur par l'Ingénieur en chef; si l'entrepreneur devait être entendu trois jours francs avant l'adjudication, le délai de huit jours, prévu à l'article 3 pour la présentation des déclarations et références à l'Ingénieur en chef, deviendrait court et devrait être porté à dix jours. D'ailleurs, les dispositions dont il s'agit portent sur des mesures qui doivent être en harmonie avec l'organisation des bureaux d'adjudication, organisation qui varie avec les administrations; et elles seraient mieux à leur place dans une circulaire ministérielle que dans le cahier des clauses et conditions générales. La Commission estime que, au deuxième paragraphe, il conviendrait d'ajouter aux mots : *travaux qu'il a exécutés*, les mots : *ou à l'exécution desquels il a concouru*, afin de donner admission aux chefs d'atelier qui, après avoir surveillé des travaux dans une entreprise, se décident ensuite à travailler pour leur propre compte.

ART. 4.

Cautionnement.

Le cahier des charges spécial à chaque entreprise peut déterminer l'importance des garanties pécuniaires à produire : Par chaque soumissionnaire, à titre de cautionnement provisoire; Par l'adjudicataire, à titre de cautionnement définitif. Ces cautionnements sont réalisés dans les conditions fixées par le décret	Le cahier des charges spécial à chaque entreprise peut déterminer l'importance des garanties pécuniaires à produire : Par chaque soumissionnaire, à titre de cautionnement provisoire; Par l'adjudicataire, à titre de cautionnement définitif. Ces cautionnements sont réalisés dans les conditions fixées par le décret	Il a été également expliqué plus haut (page 44, Cautionnement) que la disposition additionnelle (*in fine*) proposée par le Syndicat a été admise, en principe, par le Directeur général de la Caisse des dépôts et consignations, en ce qui concerne tout au moins la conversion en cautionnements définitifs des cautionnements provisoires constitués en numéraire. Des instructions géné-

ART. 4.

ART. 4.

TEXTE	MODIFICATIONS	
proposé en 1897 par la Commission extra-parlementaire des marchés et adjudications de l'État.	proposées par le Syndicat professionnel des entrepreneurs de travaux publics de France.	**OBSERVATIONS DE LA COMMISSION**

relatif aux adjudications et aux marchés passés au nom de l'État.

A défaut de stipulations particulières dans le cahier des charges, le montant en est fixé, pour le cautionnement provisoire, au soixantième, et pour le cautionnement définitif, au trentième de l'estimation des travaux, déduction faite de toutes les sommes portées à valoir pour dépenses imprévues et ouvrages en régie.

Le cautionnement définitif est constitué dans le département où se fait l'adjudication et doit être réalisé dans les vingt jours qui suivent la notification de l'approbation du marché.

Il reste affecté à la garantie des engagements contractés par l'adjudicataire jusqu'à la réception définitive des travaux. Toutefois, le Ministre peut, dans le cours de l'entreprise, autoriser la restitution de tout ou partie du cautionnement.

---

relatif aux adjudications et aux marchés passés au nom de l'État.

A défaut de stipulations particulières dans le cahier des charges, le montant en est fixé, pour le cautionnement provisoire, au soixantième, et pour le cautionnement définitif, au trentième de l'estimation des travaux, déduction faite de toutes les sommes portées à valoir pour dépenses imprévues et ouvrages en régie.

Le cautionnement définitif est constitué dans le département où se fait l'adjudication et doit être réalisé dans les vingt jours qui suivent la notification de l'approbation du marché.

Il reste affecté à la garantie des engagements contractés par l'adjudicataire jusqu'à la réception définitive des travaux. Toutefois, le Ministre peut, dans le cours de l'entreprise, autoriser la restitution de tout ou partie du cautionnement.

A la demande de l'adjudicataire, le cautionnement provisoire versé par lui sera transféré sans frais par la Caisse publique qui l'aura reçu à celle désignée dans les pièces d'adjudication pour recevoir le cautionnement définitif qu'il servira à constituer à due concurrence.

---

rales pourraient être adressées à ce sujet par le Ministre des Finances aux trésoriers-payeurs généraux; les mesures proposées ne paraissent pas devoir figurer dans le cahier des clauses et conditions générales.

ART. 5.

Approbation de l'adjudication.

L'adjudication n'est valable qu'après l'approbation de l'autorité compétente, l'entrepreneur ne peut prétendre à aucune indemnité dans le cas où l'adjudication n'est point approuvée.

Si l'approbation du marché n'a pas été notifiée à l'adjudicataire dans un délai qui courra de la date du procès-verbal d'adjudication et qui sera de dix ou de trente jours suivant que cette

---

ART. 5.

Approbation de l'adjudication.

Sans changement.

ART. 5.

Approbation de l'adjudication.

"

TEXTE		

TEXTE
roposé en 1897 par la Commission extra-
parlementaire des marchés et adjudications de l'Etat.

___

MODIFICATIONS
proposées par le Syndicat professionnel
des entrepreneurs de travaux publics
de France.

___

OBSERVATIONS DE LA COMMISSION.

___

Colonne 1 (TEXTE) :

pprobation sera donnée par le préfet
u par le Ministre, l'adjudicataire sera
bre de renoncer à l'entreprise et, sur
déclaration écrite de cette renoncia-
on, il lui sera donné main-levée de
on cautionnement.

Mais, s'il n'a pas usé de cette faculté
vant d'avoir reçu la notification de
pprobation du marché, il sera en-
gé irrévocablement vis-à-vis de l'Etat
ar cette notification.

ART. 6.

ieces à délivrer à l'entrepreneur.

Aussitôt après l'approbation de l'ad-
dication, le préfet délivre à l'entre-
eneur, sur son récépissé, une expé-
ition, vérifiée par l'Ingénieur en chef
dûment légalisée, du devis, du bor-
ereau des prix, du détail estimatif et
es autres pièces qui seraient expressé-
ent désignées dans le devis comme ser-
ant de base au marché, ainsi qu'une
opie certifiée du procès-verbal d'adju-
ication et un exemplaire imprimé des
résentes clauses et conditions géné-
ales.

ART. 7.

Frais d'adjudication.

L'entrepreneur acquitte les droits
uxquels pourra donner lieu l'enregis-
rement de son marché, tels que ces
roits résulteront des lois et règlements
n vigueur.

Colonne 2 (MODIFICATIONS) :

ART. 6.

Pièces à délivrer à l'entrepreneur.

Aussitôt après l'approbation de l'adjudication, le préfet délivre à l'entrepreneur, sur son récépissé, une expédition vérifiée par l'Ingénieur en chef
et dûment légalisée, *du dossier complet d'adjudication, notamment du devis, du bordereau des prix, du détail estimatif et de toutes les pièces
jointes au dossier et nécessaires à l'exécution des travaux*, ainsi qu'une copie
certifiée conforme du procès-verbal
d'adjudication et un exemplaire imprimé des présentes clauses et conditions générales.

ART. 7.

Frais d'adjudication.

L'entrepreneur acquitte les droits
auxquels pourra donner lieu l'enregis-
trement de son marché, tels que ces
droits résulteront des lois et règlements
en vigueur.

Colonne 3 (OBSERVATIONS DE LA COMMISSION) :

ART. 6.

Pièces à délivrer à l'entrepreneur.

Les pièces nécessaires à l'exécution
des travaux sont fournies à l'entrepreneur par l'ingénieur au cours de l'entreprise, conformément aux dispositions
de l'article 10, § 2 ci-après. Il paraît
inutile de lui faire délivrer par le préfet une expédition légalisée des pièces
qui ne sont annexées au dossier d'adjudication qu'à titre de renseignement,
alors que toutes les dispositions servant de base au marché doivent être
stipulées dans les pièces constituant le
dossier d'adjudication proprement dit
dont il reçoit une expédition.

Mais il paraît difficile de lui refuser
de faire prendre copie des pièces qui
ont figuré au dossier dont il a eu communication lors de l'adjudication et
qu'il peut avoir intérêt à consulter au
cours de l'entreprise.

ART. 7.

Frais d'adjudication.

On donnerait satisfaction aux desiderata du Syndicat en invitant les
préfets à indiquer dans les affiches
d'adjudication le montant approximatif
des frais. Cette mesure serait d'autant

TEXTE
proposé en 1897 par la Commission extra-parlementaire des marchés et adjudications de l'État.

TEXTE
proposé en 1897 par la Commission extra-parlementaire des marchés et adjudications de l'État.

MODIFICATIONS
proposées par le Syndicat professionnel des entrepreneurs de travaux publics de France.

OBSERVATIONS DE LA COMMISSION

Il paye, en outre, les droits de timbre et d'expédition du devis, du bordereau des prix, du détail estimatif et des autres pièces expressément désignées dans le devis, ainsi que du procès-verbal d'adjudication.

L'état de ces frais est arrêté par le préfet. Le montant en est versé par l'entrepreneur à la caisse du trésorier-payeur général.

Il paye, en outre, les droits de timbre et d'expédition du devis, du bordereau des prix, du détail estimatif et des autres pièces expressément désignées dans le devis, ainsi que du procès-verbal d'adjudication. *Leur montant approximatif est indiqué dans les affiches d'adjudication.*

L'état de ces frais est arrêté par le préfet. Le montant en est versé par l'entrepreneur à la caisse du trésorier-payeur général.

plus justifiée que, dans certains cas notamment celui de travaux exécutés avec des fonds de concours, le calcul des frais peut présenter quelques complications.

ART. 8.

Domicile de l'entrepreneur.

ART. 8.

Domicile de l'entrepreneur.

ART. 8.

Domicile de l'entrepreneur.

L'entrepreneur est tenu d'élire un domicile à proximité des travaux et de faire connaître le lieu de ce domicile au préfet. Faute par lui de remplir cette obligation dans un délai de quinze jours à partir de l'approbation de l'adjudication, toutes les notifications qui se rattachent à son entreprise sont valables lorsqu'elles ont été faites à la mairie de la commune désignée à cet effet par le devis.

Après la réception définitive des travaux, l'entrepreneur est relevé de l'obligation d'avoir un domicile à proximité des travaux. S'il ne fait pas connaître son nouveau domicile au préfet, les notifications relatives à son entreprise sont valablement faites à la mairie ci-dessus désignée.

Sans changement.

TITRE II.

EXÉCUTION DES TRAVAUX.

TITRE II.

EXÉCUTION DES TRAVAUX.

TITRE II.

EXÉCUTION DES TRAVAUX.

ART. 9.

Défense
de sous-traiter sans autorisation.

ART. 9.

Des sous-traitants.

ART. 9.

Défense
de sous-traiter sans autorisation.

L'entrepreneur *ne peut céder* à des sous-traitants une ou plusieurs parties

Si l'entrepreneur cède à des sous-traitants une ou plusieurs parties de son

Le droit de sous-traiter *sans autorisation* rendrait illusoires les garanties que

TEXTE proposé en 1897 par la Commission extra-parlementaire des marchés et adjudications de l'État.	MODIFICATIONS proposées par le Syndicat professionnel des entrepreneurs de travaux publics de France.	OBSERVATIONS DE LA COMMISSION.

de son entreprise *sans le consentement de l'Administration*.

Dans tous les cas, il demeure personnellement responsable, tant envers l'Administration qu'envers les ouvriers et les tiers.

Si un sous-traité est passé sans autorisation, l'Administration peut, suivant les cas, soit prononcer la résiliation pure et simple de l'entreprise, soit procéder à une nouvelle adjudication à la folle enchère de l'entrepreneur.

---

entreprise, il demeure personnellement responsable tant envers l'Administration qu'envers les ouvriers et les tiers.

---

donne à l'Administration la capacité personnelle de l'entrepreneur, condition essentielle de son admission à l'adjudication. Ce qui importe dans un grand nombre de cas, c'est, non seulement que l'Administration soit garantie pécuniairement contre les malfaçons, mais aussi et surtout que les chantiers soient dirigés avec compétence, de manière que les travaux soient bien et rapidement exécutés.

A signaler que l'article 9 des clauses et conditions générales en vigueur dans le Service des Ponts et Chaussées contient un paragraphe final ajouté par application du décret du 10 août 1899. Il est ainsi conçu :

« Le marchandage est également interdit à l'entrepreneur, conformément au décret du 2 mars 1848 et à l'arrêté du Gouvernement du 21 mars 1848. »

ART. 10.

Ordres de service pour l'exécution des travaux.

L'entrepreneur doit commencer les travaux dès qu'il en en a reçu l'ordre de l'ingénieur.

Il reçoit gratuitement de l'ingénieur, au cours de l'entreprise, une expédition certifiée de chacun des dessins de détail et autres documents nécessaires à l'exécution des travaux.

Il se conforme strictement aux plans, profils, tracés, ordres de service et, s'il y a lieu, aux types et modèles qui lui sont donnés par l'ingénieur ou par ses préposés, en exécution du devis.

L'entrepreneur se conforme également aux changements qui lui sont prescrits pendant le cours du travail, mais seulement lorsque l'ingénieur les a donnés par écrit et sous sa responsabilité. Il ne lui est tenu compte de ces

---

ART. 10.

Ordres de service pour l'exécution des travaux.

Sans changement.

ART. 10.

Ordres de service pour l'exécution des travaux.

TEXTE proposé en 1897 par la Commission extra-parlementaire des marchés et adjudications de l'État.	MODIFICATIONS proposées par le Syndicat professionnel des entrepreneurs de travaux publics de France.	OBSERVATIONS DE LA COMMISSION

changements qu'autant qu'il justifie de l'ordre écrit de l'ingénieur.

Lorsque l'entrepreneur estime que les prescriptions d'un ordre de service dépassent les obligations de son marché, il doit, sous peine de forclusion, en présenter l'observation écrite et motivée dans un délai de dix jours. La réclamation ne suspend pas l'exécution de l'ordre de service, à moins qu'il n'en soit autrement ordonné par l'Ingénieur.

ART. 11.

Règlement pour la police des chantiers.

L'entrepreneur est tenu d'observer tous les règlements qui sont faits par le préfet, sur la proposition de l'Ingénieur en chef, pour la police des chantiers.

Il est interdit à l'entrepreneur de faire travailler les ouvriers les dimanches et jours fériés.

Il ne peut être dérogé à cette règle que dans les cas d'urgence et en vertu d'une autorisation écrite ou d'un ordre de service de l'ingénieur.

ART. 11.

Règlement pour la police des chantiers.

L'entrepreneur est tenu d'observer tous les règlements qui sont faits par le préfet, sur la proposition de l'Ingénieur en chef, pour la police des chantiers, *ainsi que les lois, décrets ou instructions relatifs à la réglementation du travail et, en général, aux prescriptions inscrites dans les pièces d'adjudication.*

ART. 11

Règlement pour la police des chantiers.

Le texte de la Commission de 1895 doit être modifié pour tenir compte des dispositions législatives et réglementaires postérieures.

Dans le cahier des clauses et conditions générales actuellement en vigueur dans l'Administration des Ponts et Chaussées, les deux derniers paragraphes sont remplacés par les suivants :

« Les ouvriers et employés auront un jour de repos par semaine.

« La durée du travail journalier est limitée à la durée normale du travail en usage, pour chaque catégorie d'ouvriers, dans la ville ou la région.

« En cas de nécessité absolue, l'entrepreneur peut, avec l'autorisation expresse et spéciale de l'Ingénieur en chef, déroger aux dispositions des deux paragraphes précédents.

« Les heures supplémentaires ainsi faites par les ouvriers donnent lieu à une majoration de salaire dont le taux est fixé par le cahier des charges. »

L'entrepreneur devant se conformer aux lois en vigueur, on peut se dispenser de dire, comme le porte le

<table>
<tr><td>

TEXTE

proposé en 1897 par la Commission extra-parlementaire des marchés et adjudications de l'État.

———

</td><td>

MODIFICATIONS

proposées par le Syndicat professionnel des entrepreneurs de travaux publics de France.

———

</td><td>

OBSERVATIONS DE LA COMMISSION.

———

</td></tr>
</table>

paragraphe 2, que *les ouvriers et employés auront un jour de repos par semaine*, clause qui avait été introduite à l'article 11 par application de l'article 1ᵉʳ du décret du 10 août 1899, relatif aux marchés de l'État. Une disposition analogue a été prescrite par la loi du 13 juillet 1906 qui a établi le repos hebdomadaire et prévu les dérogations utiles. La Commission considère que, tant au point de vue du personnel de l'entreprise qu'au point du personnel employé à la surveillance des travaux, les garanties que donne la loi de 1906 quant au nombre de jours de repos obligatoires sont suffisantes et qu'il n'y a, dans les circonstances normales, rien à ajouter de ce chef aux prescriptions de la loi dans les marchés de l'État.

Elle propose, en conséquence, de substituer, pour l'article 11, au texte de la Commission de 1895 celui du cahier des clauses et conditions générales de l'Administration des Ponts et Chaussées sous réserve de la suppression du paragraphe 2 de cet article.

Un membre de la Commission a signalé qu'aux termes du décret de 1899 les ouvriers doivent avoir *normalement un jour de repos par semaine, soit cinquante-deux jours par an*, et que des majorations de salaire leur sont dues pour les heures supplémentaires de travail; la situation qui leur est faite à cet égard par la loi de 1906 est moins avantageuse, au moins pour les industries de plein air, attendu qu'elles peuvent (art. 6 de la loi) suspendre le repos hebdomadaire quinze fois par an. La question s'est alors posée de savoir si la loi de 1906 a abrogé les dispositions du décret de 1899 relatives au repos hebdomadaire. La Commission ne s'est pas prononcée sur cette question : dans le cas où elle

<table>
<tr><td>

TEXTE

proposé en 1897 par la Commission extra-parlementaire des marchés et adjudications de l'État.

</td><td>

MODIFICATIONS

proposées par le Syndicat professionnel des entrepreneurs de travaux publics de France.

</td><td>

OBSERVATIONS DE LA COMMISSION

—

serait tranchée par la négative, il y aurait lieu d'examiner si le décret de 1899 ne doit pas être mis en harmonie avec la loi de 1906, afin de ne pas imposer des règles spéciales aux entrepreneurs des travaux de l'État.

</td></tr>
</table>

ART. 12.

**Présence de l'entrepreneur
sur les lieux des travaux.**

Pendant la durée de l'entreprise, l'adjudicataire ne peut s'éloigner du lieu des travaux qu'après avoir fait agréer par l'ingénieur un représentant capable de le remplacer, de manière qu'aucune opération ne puisse être retardée ou suspendue à raison de son absence.

L'entrepreneur se rend dans les bureaux des ingénieurs et il les accompagne dans leurs tournées toutes les fois qu'il en est requis.

ART. 12.

**Présence de l'entrepreneur
sur les lieux des travaux.**

Sans changement.

ART. 12.

**Présence de l'entrepreneur
sur les lieux des travaux.**

"

ART. 13.

**Choix des commis, chefs d'ateliers
et ouvriers.**

L'entrepreneur ne peut prendre comme commis et chefs d'ateliers que des hommes capables de l'aider et de le remplacer au besoin dans la conduite et le métrage des travaux.

L'ingénieur *a le droit* d'exiger le changement ou le renvoi des agents et ouvriers de l'entrepreneur pour insubordination, incapacité ou défaut de probité.

L'entrepreneur demeure d'ailleurs responsable des fraudes ou malfaçons qui seraient commises par ses agents et ouvriers dans la fourniture et dans l'emploi des matériaux.

ART. 13.

**Choix des commis, chefs d'ateliers
et ouvriers.**

L'entrepreneur ne peut prendre comme commis et chefs d'ateliers que des hommes capables de l'aider et de le remplacer au besoin dans la conduite et le métrage des travaux.

L'ingénieur *peut* exiger le changement ou le renvoi des agents et ouvriers de l'entrepreneur *pour des faits dûment constatés* d'insubordination, d'incapacité ou de défaut de probité.

L'entrepreneur demeure d'ailleurs responsable des fraudes ou malfaçons qui seraient commises par ses agents et ouvriers dans la fourniture et dans l'emploi des matériaux.

ART. 13.

**Choix des commis, chefs d'ateliers
et ouvriers.**

La substitution, au deuxième paragraphe, du mot « peut » aux mots « a le droit de » paraît sans intérêt; il en est de même de l'addition des mots « des faits dûment constatés ».

<table>
<tr><th>TEXTE
proposé en 1897 par la Commission extra-parlementaire des marchés et adjudications de l'État.</th><th>MODIFICATIONS
proposées par le Syndicat professionnel des entrepreneurs de travaux publics de France.</th><th>OBSERVATIONS DE LA COMMISSION.</th></tr>
<tr><td>

ART. 14.

Liste nominative des ouvriers.

Le nombre des ouvriers de chaque profession est toujours proportionné à la quantité d'ouvrage à faire. Pour mettre l'ingénieur à même d'assurer l'accomplissement de cette condition, il lui est remis, périodiquement et aux époques par lui fixées, une liste nominative des ouvriers.

ART. 15.

Payement des ouvriers.

L'entrepreneur paye ses ouvriers tous les mois ou à des époques plus rapprochées, si l'Administration le juge nécessaire.

En cas de retard régulièrement constaté, l'Administration, par application des lois des 26 pluviôse an III et 5 juillet 1891, se réserve la faculté de faire payer d'office les salaires arriérés sur les sommes dues à l'entrepreneur.

ART. 16.

Secours aux ouvriers victimes d'accidents.

L'entrepreneur a à sa charge toutes les dépenses du service médical de l'entreprise, les soins et secours à donner aux ouvriers victimes d'accidents survenus sur les chantiers, et les indemnités à allouer à ces ouvriers, à leurs veuves et à leurs enfants.

Il est soumis à toutes les obligations qui résultent à cet égard, soit des lois, soit des décrets et arrêtés ministériels en vigueur au moment de l'adjudication.

Faute par lui de remplir ces obli-

</td><td>

ART. 14.

Liste nominative des ouvriers.

Sans changement.

ART. 15.

Payement des ouvriers.

Sans changement.

ART. 16.

Secours aux ouvriers victimes d'accidents.

Sans changement.

</td><td>

ART. 14.

Liste nominative des ouvriers.

ART. 15.

Payement des ouvriers.

(Voir les observations relatives au payement des ouvriers, p. 112 et suivantes.)

ART. 16.

Secours aux ouvriers victimes d'accidents.

Cet article doit être mis en harmonie avec la loi du 8 avril 1898, sur les accidents du travail. La Commission ne croit pas qu'il y ait lieu d'aggraver les dispositions de cette loi au point de vue des charges de l'entrepreneur en l'obligeant à fournir des soins et des indemnités aux ouvriers atteints de *maladies occasionnées par les travaux*, ainsi que le stipule le cahier des clauses et conditions générales en vigueur dans l'Administration des Ponts et Chaussées.

Quant aux frais médicaux et au

</td></tr>
</table>

TEXTE	MODIFICATIONS	
proposé en 1897 par la Commission extra-parlementaire des marchés et adjudications de l'État.	proposées par le Syndicat professionnel des entrepreneurs de travaux publics de France.	**OBSERVATIONS DE LA COMMISSION**

gations, il y sera pourvu d'office et à ses frais. Les dépenses faites par l'Administration seront retenues sur les sommes dues à l'entrepreneur.

demi-salaire, la Commission, ain[si] qu'il sera expliqué (p. 120) à propo[s] des accidents du travail, estime qu'i[l] doivent être alloués à l'ouvrier victim[e] d'un accident dès le jour de l'interrup[-] tion du travail.

Elle est d'avis, en définitive, qu['il] y a lieu de remanier le texte de [la] Commission de 1895, en modifiant l[a] forme du deuxième paragraphe d[e] manière à bien stipuler (comme il es[t] fait dans le cahier actuellement e[n] usage dans l'Administration des Pon[ts] et Chaussées) que, si l'entrepreneu[r] n'est soumis qu'aux obligations résu[l-] tant des décrets et arrêtés ministérie[ls] en vigueur au moment de l'adjudica[-] tion, il est tenu de se conformer au[x] lois applicables aux chantiers publi[cs] et privés, alors même qu'elles seraie[nt] postérieures à la passation du march[é.]

Le deuxième paragraphe serait ain[si] rédigé :

« *Il est soumis à toutes les obligation[s] qui résultent à cet égard, soit des décre[ts] et arrêtés ministériels en vigueur a[u] moment de l'adjudication, soit des lo[is] applicables à l'ensemble des chantier[s] publics et privés.* »

On ajouterait au premier paragraph[e] les mots « *et employés* » à ouvriers, e[t] on remplacerait « *leurs enfants* » pa[r] « *leur famille.* »,

Et *in fine* : « *Les frais médicaux et l[e] demi-salaire sont dus, dans tous les ca[s,] à partir du jour de l'interruption obl[i-] gatoire du travail.* »

<table>
<tr><td style="text-align:center">ART. 17.</td><td style="text-align:center">ART. 17.</td><td style="text-align:center">ART. 17.</td></tr>
<tr><td style="text-align:center">Dépenses imputables sur la somme à valoir.</td><td style="text-align:center">Dépenses imputables sur la somme à valoir.</td><td style="text-align:center">Dépenses imputables sur la somm[e] à valoir.</td></tr>
</table>

S'il y a lieu de faire des épuisements ou autres travaux dont la dépense soit

S'il y a lieu de faire des épuise-ments ou autres travaux dont la dé-

Les travaux dont la dépense est im[-] putable sur la somme à valoir son[t]

TEXTE proposé en 1897 par la Commission extra-parlementaire des marchés et adjudications de l'État.	MODIFICATIONS proposées par le Syndicat professionnel des entrepreneurs de travaux publics de France.	OBSERVATIONS DE LA COMMISSION.

imputable sur la somme à valoir, l'entrepreneur doit, s'il en est requis, fournir, dans les limites prévues au devis, les outils et machines nécessaires pour l'exécution de ces travaux.

Le loyer et l'entretien de ce matériel lui seront payés au prix de l'adjudication.

pense soit imputable sur la somme à valoir, les outils et machines nécessaires pour l'exécution de ces travaux ne pourront étre fournis que par l'entrepreneur dans les limites prévues au devis.

Le loyer et l'entretien de ce matériel lui seront payés au prix de l'adjudication.

bien distincts de ceux qui font partie de l'entreprise. L'entrepreneur n'a aucun droit quant à l'exécution de ces travaux, qui auraient été compris dans le marché si des raisons particulières n'avaient déterminé l'Administration à les réserver. Dans bien des cas, l'obligation de fournir du matériel en location (notamment quand il s'agit de dragages ou d'épuisements importants) serait plutôt de nature à écarter qu'à attirer les entrepreneurs.

La Commission fait d'ailleurs remarquer que, si les prix de location du matériel indiqués au bordereau des prix ne correspondent pas à une dépense portée au détail estimatif, le payement de la location aux prix de l'adjudication constitue une dérogation à l'article 32, dont les conséquences peuvent être très graves; que si, au contraire, une certaine dépense pour location de matériel est portée au détail estimatif, rien ne distingue cette location d'une fourniture quelconque faisant partie de l'entreprise, et il n'y a aucune raison pour l'imputer sur la somme à valoir. Il semble donc qu'il y aurait lieu plutôt de supprimer que de modifier l'article 17, et la Commission se prononce pour la suppression.

ART. 18.

Outils, équipages et faux frais de l'entreprise.

L'entrepreneur est tenu de fournir à ses frais les magasins et équipages, voitures, ustensiles et outils de toute espèce nécessaires à l'exécution des travaux, sauf les exceptions stipulées au devis.

Sont également à sa charge l'établissement des chantiers et chemins de service et les indemnités y relatives,

ART. 18.

Outils, équipages et faux frais de l'entreprise.

Sans changement.

ART. 18.

Outils, équipages et faux frais de l'entreprise.

Cet article pourrait être divisé en deux portant les numéros 17 et 18, afin d'éviter les changements de numérotage résultant de la suppression de l'article précédent.

TEXTE proposé en 1897 par la Commission extra-parlementaire des marchés et adjudications de l'État.	MODIFICATIONS proposées par le Syndicat professionnel des entrepreneurs de travaux publics de France.	OBSERVATIONS DE LA COMMISSION.
les frais de tracé et de métré des ouvrages, les cordeaux, piquets et jalons, les frais d'éclairage des chantiers, s'il y a lieu, et généralement toutes les menues dépenses et tous les faux frais relatifs à l'entreprise.		
ART. 19. **Carrières désignées au devis.** Les matériaux sont pris dans les lieux indiqués au devis. L'entrepreneur y ouvre, au besoin, des carrières à ses frais. Il est tenu, avant de commencer les extractions, de prévenir les propriétaires, suivant les formes déterminées par les lois et règlements. Il paye, sans recours contre l'Administration et en se conformant aux lois et règlements sur la matière, tous les dommages qu'ont pu occasionner la prise ou l'extraction, le transport et le dépôt des matériaux. Dans le cas où le devis prescrit d'extraire des matériaux dans des bois soumis au régime forestier, l'entrepreneur doit se conformer en outre aux prescriptions de l'article 145 du Code forestier ainsi que des articles 172, 173 et 175 de l'ordonnance du 1er août 1827 concernant l'exécution de ce Code. L'entrepreneur doit justifier, toutes les fois qu'il en est requis, de l'accomplissement des obligations énoncées dans le présent article, ainsi que du payement des indemnités pour l'établissement de chantiers et chemins de service.	**ART. 19.** **Carrières désignées au devis.** Sans changement.	**ART. 19.** **Carrières désignées au devis.**

TEXTE proposé en 1897 par la Commission extra-parlementaire des marchés et adjudications de l'État.	MODIFICATIONS proposées par le Syndicat professionnel des entrepreneurs de travaux publics de France.	OBSERVATIONS DE LA COMMISSION.

ART. 20.

Carrières proposées par l'entrepreneur.

Si l'entrepreneur demande à substituer aux carrières indiquées dans le devis d'autres carrières fournissant des matériaux d'une qualité *que les ingénieurs reconnaissent au moins égale*, il reçoit l'autorisation d'employer ces matériaux et ne subit sur les prix de l'adjudication aucune réduction pour cause de diminution des frais d'extraction, de transport et de taille des matériaux.

A défaut d'accord avec les propriétaires des nouvelles carrières, il peut aussi obtenir l'autorisation de les exploiter.

ART. 20.

Carrières proposées par l'entrepreneur.

Si l'entrepreneur demande à substituer aux carrières indiquées dans le devis d'autres carrières fournissant des matériaux *d'une qualité au moins égale*, il reçoit l'autorisation d'employer ces matériaux et ne subit sur les prix de l'adjudication aucune réduction pour cause de diminution des frais d'extraction, de transport et de taille des matériaux.

A défaut d'accord avec les propriétaires des nouvelles carrières, il peut aussi obtenir l'autorisation de les exploiter.

ART. 20.

Carrières proposées par l'entrepreneur.

Si les chefs de service n'étaient pas juges de l'équivalence des matériaux proposés par l'entrepreneur aux matériaux désignés au devis, il pourrait survenir des contestations de nature à entraver la marche des travaux. Non seulement une expertise comporterait généralement certains délais, mais il y a des cas où elle ne pourrait aboutir avant qu'il ait été procédé à des expériences de plusieurs mois et même de plusieurs années; c'est ce qui se produirait, par exemple, si les contestations portaient sur la résistance aux intempéries de pierres de construction dont il n'aurait pas encore été fait usage dans la région où s'exécutent les travaux.

ART. 21.

Défense de livrer au commerce les matériaux extraits des carrières désignées.

L'entrepreneur ne peut livrer au commerce, sans l'autorisation écrite du propriétaire, les matériaux qu'il a fait extraire dans les carrières exploitées par lui, en vertu du droit qui lui a été conféré par l'Administration.

ART. 21.

Défense de livrer au commerce les matériaux extraits des carrières désignées.

Sans changement.

ART. 21.

Défense de livrer au commerce les matériaux extraits des carrières désignées.

"

ART. 22.

Qualité des matériaux.

Les matériaux doivent être de la meilleure qualité dans chaque espèce, être parfaitement travaillés et mis en œuvre conformément aux règles de l'art; ils ne peuvent être employés

ART. 22.

Qualité des matériaux.

Les matériaux doivent être de la meilleure qualité dans chaque espèce, être parfaitement travaillés et mis en œuvre conformément aux règles de l'art; ils ne peuvent être employés

ART. 22.

Qualité des matériaux.

La réception des matériaux avant leur mise en œuvre ne peut être définitive, attendu qu'il y a des cas où la mauvaise qualité ne se révèle qu'au moment de l'emploi; c'est ainsi que

<table>
<tr><td>TEXTE
proposé en 1897 par la Commission extra-parlementaire des marchés et adjudications de l'État.</td><td>MODIFICATIONS
proposées par le Syndicat professionnel des entrepreneurs de travaux publics de France.</td><td>OBSERVATIONS DE LA COMMISSION</td></tr>
</table>

qu'après avoir été vérifiés et *provisoirement* acceptés par l'ingénieur ou par ses préposés. Nonobstant cette acceptation et jusqu'à la réception définitive des travaux, ils peuvent, en cas de *surprise*, de *mauvaise qualité ou de malfaçon*, être rebutés par l'ingénieur, et ils sont alors remplacés par l'entrepreneur.

qu'après avoir vérifiés et acceptés par l'ingénieur ou par ses préposés. Nonobstant cette acceptation et jusqu'à la réception définitive des travaux, ils peuvent, *en cas de malfaçon dans la mise en œuvre*, être rebutés par l'ingénieur, et ils sont alors remplacés par l'entrepreneur.

de fortes pièces de charpente, d'un aspect sain à l'état brut, peuvent contenir des parties vicieuses qui ne se découvrent que lors de la taille des assemblages; il en est de même des pierres de taille, des pièces d'acier qui, reçues provisoirement avant d'avoir été façonnées, peuvent présenter des défectuosités très sérieuses qui apparaissent seulement lors de la mise en œuvre. Le libellé de l'article 22 ne paraît pas devoir être modifié.

ART. 23.

Dimensions et dispositions des matériaux et des ouvrages.

ART. 23.

Dimensions et dispositions des matériaux et des ouvrages.

ART. 23.

Dimensions et dispositions des matériaux et des ouvrages.

L'entrepreneur ne peut, de lui-même, apporter aucun changement au projet.

Il est tenu de faire immédiatement, sur l'ordre écrit des ingénieurs, remplacer les matériaux ou reconstruire les ouvrages dont les dimensions ou les dispositions ne sont pas conformes aux devis ou aux ordres de service.

Toutefois, si les ingénieurs reconnaissent que les changements faits par l'entrepreneur ne sont contraires ni aux règles de l'art, ni au goût, les nouvelles dispositions peuvent être maintenues; mais alors l'entrepreneur n'a droit à aucune augmentation de prix, à raison des dimensions plus fortes ou de la valeur plus considérable que peuvent avoir les matériaux et les ouvrages. Dans ce cas, les métrages sont basés sur les dimensions prescrites par le devis ou par les ordres de service. Si, au contraire, les dimensions sont plus faibles ou la valeur des matériaux moindre, les prix sont réduits en conséquence.

Sans changement.

TEXTE	MODIFICATIONS	
...posé en 1897 par la Commission extra-...arlementaire des marchés et adjudi-...ations de l'État.	proposées par le syndicat professionnel des entrepreneurs de travaux publics de France.	OBSERVATIONS DE LA COMMISSION.

ART. 24.

Démolition d'anciens ouvrages.

...orsque l'exécution des travaux ...porte la démolition d'anciens ou-...ges, les matériaux doivent être dé-...ces avec soin pour qu'ils puissent ...façonnés de nouveau et réem-...yés s'il y a lieu.

ART. 24.

Démolition d'anciens ouvrages.

Sans changement.

ART. 24.

Démolition d'anciens ouvrages.

ART. 25.

Objets trouvés dans les fouilles.

...administration se réserve la pro-...été des matériaux qui se trouvent ...s les fouilles et démolitions faites ...s les terrains appartenant à l'État, ...à indemniser l'entrepreneur de ...soins particuliers.
...lle se réserve également les objets ...d et de toute nature qui pourraient ...trouver, sauf indemnité à qui de ...t.

ART. 25.

Objets trouvés dans les fouilles.

Sans changement.

ART. 25.

Objets trouvés dans les fouilles.

ART. 26.

**Emploi de matières neuves
ou de démolition appartenant
à l'État**

...orsque, en dehors des prévisions ...marche, les ingénieurs jugent à ...pos d'employer des matières neuves ...de démolition appartenant à l'État, ...trepreneur n'est payé que des frais ...main-d'œuvre et d'emploi réglés ...formément aux indications de l'ar...29 ci-après.

ART. 26.

**Emploi de matières neuves
ou de démolition appartenant
à l'État.**

Sans changement.

ART. 26.

**Emploi de matières neuves
ou de démolition appartenant
à l'État.**

ART. 27.

Vices de construction.

...orsque les ingénieurs présument ...l existe dans les ouvrages des

ART. 27.

Vices de construction.

Lorsque les ingénieurs présument qu'il existe dans les ouvrages des vices

ART. 27.

Vices de construction.

L'addition des mots « qui a lieu en présence de l'entrepreneur ou lui dû-

<table>
<tr><td>

TEXTE
proposé en 1897 par la Commission extra-parlementaire des marchés et adjudications de l'État.

</td><td>

MODIFICATIONS
proposées par le syndicat professionnel des entrepreneurs de travaux publics de France.

</td><td>

OBSERVATIONS DE LA COMMISSION

</td></tr>
</table>

vices de construction, ils ordonnent, soit en cours d'exécution, soit avant la réception définitive, la démolition et la reconstruction des ouvrages présumés vicieux.

Les dépenses résultant de cette opération sont à la charge de l'entrepreneur lorsque les vices de construction sont constatés et reconnus.

de construction, ils ordonnent, soit en cours d'exécution, soit avant la réception définitive, la démolition et la reconstruction des ouvrages présumés vicieux.

Les dépenses résultant de cette opération, *qui a lieu en présence de l'entrepreneur ou lui dûment convoqué,* sont à sa charge lorsque les vices de construction sont constatés et reconnus.

ment convoqué » ne soulève aucune objection.

ART. 28.

Pertes et avaries, cas de force majeure.

Il n'est alloué à l'entrepreneur aucune indemnité à raison des pertes, avaries ou dommages occasionnés par négligence, retard dans l'exécution, imprévoyance, défaut de moyens ou fausses manœuvres provenant de son fait. L'entrepreneur est d'ailleurs responsable des dommages causés aux tiers par suite de retard dans l'exécution.

Ne sont pas compris, toutefois, dans la disposition précédente les cas de force majeure qui, dans le délai de ... jours au plus après l'événement, ont été signalés par l'entrepreneur; dans ce cas, néanmoins, il ne peut rien être alloué qu'avec l'approbation de l'Administration. Passé le délai de dix jours, l'entrepreneur n'est plus admis à réclamer.

ART. 28.

Pertes et avaries, cas de force majeure.

Il n'est alloué à l'entrepreneur aucune indemnité à raison des pertes, avaries ou dommages occasionnés par négligence, retard dans l'exécution, imprévoyance, défaut de moyens ou fausses manœuvres provenant de son fait. L'entrepreneur est d'ailleurs responsable des dommages causés aux tiers par suite de retard dans l'exécution.

Ne sont pas compris toutefois dans la disposition précédente les cas de force majeure qui, dans le délai de dix jours au plus après l'événement, ont été signalés par l'entrepreneur. Passé le délai de dix jours, l'entrepreneur n'est plus admis à réclamer.

La grève, qu'elle soit partielle ou générale, sera considérée comme un cas de force majeure lorsqu'il sera établi que l'entrepreneur n'a pu ni la prévenir, ni en arrêter les effets.

ART. 28.

Pertes et avaries, cas de force majeure.

La Commission a fait remarquer plus haut (page 60, *La grève considérée comme cas de force majeure*) que les entrepreneurs ne trouveraient dans l'addition proposée à l'article 2 d'autres garanties que celles qui tiennent de la jurisprudence.

Au 2° paragraphe, elle propose d'ajouter aux mots « ont été signalés » les mots « par écrit », qui avaient été omis dans le texte arrêté par la Commission de 1895 sur le rapport de la Sous-Commission chargée de la révision du cahier des clauses et conditions générales.

ART. 29.

Règlements de prix des ouvrages non prévus.

Lorsqu'il est jugé nécessaire d'exécuter des ouvrages non prévus ou de modifier la provenance des matériaux,

ART. 29.

Règlements de prix des ouvrages non prévus.

Lorsqu'il est jugé nécessaire d'exécuter des ouvrages non prévus ou de modifier la provenance des matériaux,

ART. 29.

Règlements de prix des ouvrages non prévus.

L'addition proposée au paragraphe 1 « en tenant compte de la différence pouvant exister entre les salaires payés

TEXTE proposé en 1897 par la Commission extra-parlementaire des marchés et adjudications de l'État.	MODIFICATIONS proposées par le syndicat professionnel des entrepreneurs de travaux publics de France.	OBSERVATIONS DE LA COMMISSION.
telle qu'elle est indiquée par le devis, l'entrepreneur se conforme immédiatement aux ordres écrits qu'il reçoit à ce sujet, et il est préparé sans retard de nouveaux prix d'après ceux du marché ou par assimilation aux ouvrages les plus analogues. Dans le cas d'une impossibilité absolue d'assimilation, on prend pour termes de comparaison les prix courants du pays. Les nouveaux prix, calculés de manière à être passibles du rabais de adjudication, après avoir été débattus par les ingénieurss avec l'entrepreneur, sont soumis à l'approbation de l'Administration. Si l'entrepreneur n'accepte pas les décisions de l'Administration, il est statué par le Conseil de préfecture. En attendant la solution du litige, l'entrepreneur est payé, provisoirement, aux prix préparés par les ingénieurs.	telle qu'elle est indiquée par le devis, l'entrepreneur se conforme immédiatement aux ordres écrits qu'il reçoit à ce sujet, et il est préparé sans retard de nouveaux prix d'après ceux du marché ou par assimilation aux ouvrages les plus analogues. Dans le cas d'une impossibilité absolue d'assimilation, on prend pour termes de comparaison les prix courants du pays *en tenant compte de la différence pouvant exister entre les salaires payés par l'entrepreneur et ceux pratiqués dans la région.* Les nouveaux prix, calculés de manière à être passibles du rabais de l'adjudication, après avoir été débattus par les ingénieurs avec l'entrepreneur, sont soumis à l'approbation de l'Administration. Si l'entrepreneur n'accepte pas les décisions de l'Administration, il est statué, *soit par voie d'arbitrage si les parties sont d'accord pour y recourir,* soit par le Conseil de préfecture. En attendant la solution du litige, l'entrepreneur est payé, provisoirement, aux prix préparés par les ingénieurs.	par l'entrepreneur et ceux pratiqués dans la région », semble inutile ; tout au plus pourrait-on, par voie de circulaire ministérielle, appeler l'attention des chefs de service sur ce point. Quant à l'addition au paragraphe 3, « soit par voie d'arbitrage, si les parties sont d'accord pour y recourir, soit…, etc. », elle est également inutile si l'on admet l'addition proposée à l'article 52. Il y a lieu de remarquer d'ailleurs, que l'arbitrage prévu par la loi de finances du 17 avril 1906 ne peut être autorisé, en matière de travaux de l'État, que par un décret en Conseil des Ministres, contresigné par les Ministres des Travaux publics et des Finances ; ce n'est pas là une procédure qui puisse utilement s'appliquer au règlement des affaires courantes. On peut prévoir cependant qu'avant de s'adresser au Conseil de préfecture, l'entrepreneur se prêtera à une tentative de conciliation, et notamment qu'il voudra porter le différend devant un comité de règlement amiable, tel que celui qui a été institué au Ministère des Travaux publics par le décret du 24 décembre 1907 (1). C'est en se plaçant dans cet ordre d'idées que la Commission propose de remplacer à l'avant-dernier paragraphe les mots « *si l'entrepreneur n'accepte pas les décisions de l'Administration* » par « *à défaut d'entente amiable* ».

ART. 30. **Augmentation** **dans la masse des travaux.**	ART. 30. **Augmentation** **dans la masse des travaux.**	ART. 30. **Augmentation** **dans la masse des travaux.**
En cas d'augmentation dans la masse des travaux, l'entrepreneur ne peut élever aucune réclamation tant que l'augmentation n'excède pas le sixième du montant de l'ensemble. Si l'aug-	En cas d'augmentation dans la masse des travaux, l'entrepreneur ne peut élever aucune réclamation tant que l'augmentation n'excède pas le sixième du montant de l'entreprise. Si l'aug-	La suppression des mots « sans indemnité » ne paraît pas justifiée. Quand

---

(1) Il est question de créer un Comité analogue au Ministère de la Guerre.

TEXTE
proposé en 1897 par la Commission extra-parlementaire des marchés et adjudications de l'État.

mentation est de plus du sixième, il a droit à la résiliation immédiate de son marché *sans indemnité*, à la condition toutefois de l'avoir demandée par lettre adressée au préfet dans le délai de deux mois à partir de la notification de l'ordre de service dont l'exécution entraînerait l'augmentation de plus du sixième. Le tout sauf l'application, s'il y a lieu, de l'article 32 ci-après.

ART. 31.

Diminution
dans la masse des travaux.

En cas de diminution dans la masse des travaux, l'entrepreneur ne peut élever aucune réclamation tant que la diminution n'excède pas le sixième du montant de l'entreprise, sauf l'application de l'article 32. Si la diminution est de plus du sixième, il reçoit, s'il y a lieu, à titre de dédommagement, une

---

MODIFICATIONS
proposées par le syndicat professionnel des entrepreneurs de travaux publics de France.

mentation est de plus du sixième, il a droit à la résiliation immédiate de son marché à la condition toutefois de l'avoir demandée par lettre adressée au préfet dans le délai de deux mois à partir de la notification de l'ordre de service dont l'exécution entraînerait l'augmentation de plus du sixième. Le tout sauf l'application, s'il y a lieu, de l'article 32 ci-après.

ART. 31.

Diminution
dans la masse des travaux.

En cas de diminution dans la masse des travaux, l'entrepreneur ne peut élever aucune réclamation tant que la diminution n'excède pas le sixième du montant de l'entreprise, sauf l'application de l'article 32. Si la diminution est de plus du sixième, il reçoit s'il y a lieu, à titre de dédommagement, une

---

OBSERVATIONS DE LA COMMISSION

l'entrepreneur demande la résiliation de son marché dans le cas prévu à l'article 30, la lui accorder avec indemnité serait reconnaître qu'il a droit à dédommagement du fait d'une augmentation de 1/6e dans l'importance de la masse des travaux. Or, en matière de travaux publics, il est impossible, dans la plupart des cas, de prévoir avec une précision mathématique les quantités d'ouvrage nécessaires pour l'exécution d'un projet; leur évaluation comporte un certain aléa, et l'entrepreneur doit en tenir compte quand il soumissionne.

De son côté, l'Administration ne saurait s'exposer à ouvrir la porte aux réclamations et par suite, aux difficultés, s'il survient le moindre incident; et la marge de 1/6e qu'elle s'est réservée n'a rien d'excessif. L'entrepreneur qui a exécuté la quantité d'ouvrages prévue au détail estimatif augmentée de 1/6e a largement utilisé ses installations, son matériel, son personnel; cette majoration ne lui aura causé généralement aucun préjudice, s'il ne s'est pas engagé imprudemment dans son entreprise. Ses intérêts paraissent convenablement sauvegardés par le choix qui lui est laissé de continuer les travaux, aux prix de l'adjudication, ou de résilier.

ART. 31.

Diminution
dans la masse des travaux.

Même observation que pour l'addition proposée à l'article 29 (arbitrage).

<table>
<tr><td>

TEXTE
proposé en 1897 par la Commission extra-parlementaire des marchés et adjudications de l'État.

</td><td>

MODIFICATIONS
proposées par le syndicat professionnel des entrepreneurs de travaux publics de France.

</td><td>

OBSERVATIONS DE LA COMMISSION.

</td></tr>
</table>

indemnité qui, en cas de contestation, est fixée par le Conseil de préfecture, sans préjudice du droit à la résiliation immédiate qui doit être demandée dans la même forme et le même délai que ci-dessus.

indemnité qui, en cas de contestation, est fixée soit *par voie d'arbitrage, si les parties sont d'accord pour y recourir,* soit par le Conseil de préfecture, sans préjudice du droit à la résiliation immédiate, qui doit être demandée dans la même forme et le même délai que ci-dessus.

ART. 32.

ART. 32.

ART. 32.

Changement dans l'importance des diverses natures d'ouvrages.

Changement dans l'importance des diverses natures d'ouvrages.

Changement dans l'importance des diverses natures d'ouvrages.

Lorsque les changements ordonnés ont pour résultat de modifier l'importance de certaines natures d'ouvrages, de telle sorte que les quantités prescrites diffèrent de plus d'*un quart* en plus ou en moins des quantités portées au détail estimatif, l'entrepreneur peut présenter, en fin de compte, une demande en indemnité basée sur le préjudice que lui auraient causé les modifications apportées à cet égard dans les prévisions du projet.

Lorsque les changements ordonnés *par l'administration ou résultant de circonstances indépendantes de la volonté de l'entrepreneur* modifient l'importance de certaines natures d'ouvrages, de telle sorte que les quantités exécutées diffèrent de plus d'un *sixième* en plus ou en moins des quantités portées au détail estimatif, l'entrepreneur peut présenter, en fin de compte, une demande en indemnité basée sur le préjudice que lui auraient causé les modifications survenues dans les prévisions du projet.

L'addition des mots « ou résultant de circonstances indépendantes de la volonté de l'entrepreneur » aurait pour effet de mettre les dispositions de l'article 32 en harmonie avec les règles suivies dans la pratique; il arrive souvent que les quantités exécutées diffèrent de plus d'un quart en plus ou en moins des quantités prévues, bien que l'administration n'ait ordonné aucune modification aux dispositions projetées pour les ouvrages; c'est un cas que l'on rencontre notamment pour les fouilles de fondation qui se remplissent au fur et à mesure qu'on les déblaie, et encore pour les maçonneries des ouvrages à la mer exposées aux avaries pendant leur construction. Dans ce cas, le droit de l'entrepreneur au bénéfice de l'article 32 ne lui est pas contesté.

Quant à la proportion de un quart, qui a été substituée à celle de un tiers, figurant dans les clauses et conditions générales, antérieures à 1892, on ne saurait la réduire encore. L'article 32 reçoit dès à présent une application fréquente; si l'on admettait une proportion plus faible, comme le voudrait le syndicat des entrepreneurs, bien rares seraient les entreprises qui se

TEXTE proposé en 1897 par la Commission extra-parlementaire des marchés et adjudications de l'État.	**MODIFICATIONS** proposées par le syndicat professionnel des entrepreneurs de travaux publics de France.	**OBSERVATIONS DE LA COMMISSION.**

TEXTE — MODIFICATIONS — OBSERVATIONS

(Colonne OBSERVATIONS, suite)

termineraient sans une demande d'indemnité, et dont le règlement ne donnerait lieu à des difficultés. Il semble d'ailleurs, que la combinaison des articles 30, 31 et 32 donne toutes garanties à l'entrepreneur en ce qui concerne les modifications qui peuvent se produire dans l'importance des travaux qu'il a soumissionnés.

Art. 33. / Art. 33. / Art. 33.

Variations dans les prix.

Colonne TEXTE :

Si pendant le cours de l'entreprise les prix subissent une augmentation telle que la dépense totale des ouvrages restant à exécuter d'après le devis se trouve augmentée d'un sixième comparativement aux estimations du projet, l'entrepreneur a droit à la résiliation de son marché, *sans indemnité.*

Colonne MODIFICATIONS :

Si pendant le cours de l'entreprise les prix subissent une augmentation telle que la dépense totale des ouvrages restant à exécuter d'après le devis se trouve augmentée d'un sixième comparativement aux estimations du projet, l'entrepreneur a droit à la résiliation de son marché. *En ce qui concerne l'augmentation des salaires, la révision des prix inscrits au bordereau de l'entreprise sera de droit s'il est établi que les salaires réellement payés par l'entrepreneur donnent lieu dans leur ensemble à une dépense supérieure d'au moins 25 p. 100 à celle résultant de l'application des salaires inscrits au bordereau de l'adjudication.*

Colonne OBSERVATIONS :

L'addition proposée serait justifiée si les salaires qui figurent au bordereau des salaires normaux annexé au dossier d'adjudication avaient servi de base à l'évaluation des prix et devaient être ceux payés par l'entrepreneur. Il a été expliqué plus haut, (page 61, revision des prix du marché), que le bordereau des salaires normaux a été dressé exclusivement en vue d'assurer aux ouvriers un salaire minimum [égal à celui en usage dans la région lors de l'adjudication (1)] ; les salaires payés par l'entrepreneur ne sont pas nécessairement ceux du bordereau normal, et dès le début de son entreprise, il peut trouver avantage à payer à un taux supérieur au taux normal des ouvriers de choix qui produisent plus de travail, (c'est le cas des grands chantiers de terrassements de chemin de fer où l'on emploie des terrassiers étrangers, payés plus chers, mais plus habiles que les terrassiers du pays).

---

(1) L'entrepreneur n'a jamais *droit* à la révision du bordereau des salaires. L'Administration est seule juge de la convenance de modifier les obligations auxquelles correspond ce bordereau à l'égard des ouvriers, et elle supporte, le cas échéant, les conséquences de cette modification en procédant à une révision des prix.

TEXTE	**MODIFICATIONS**	
roposé en 1897 par la Commission extra-parlementaire des marchés et adjudications de l'État.	proposées par le syndicat professionnel des entrepreneurs de travaux publics de France.	**OBSERVATIONS DE LA COMMISSION.**

Il serait dès lors inadmissible qu'une révision des prix du marché fût basée sur la comparaison des salaires réellement payés et des salaires portés au bordereau des salaires normaux.

La révision des prix basée sur une modification du bordereau des salaires normaux (qui serait opérée, soit sur la demande de l'entrepreneur et dans son intérêt, si les prix de la région venaient à baisser, soit d'office, à la suite d'une demande des ouvriers, et dans leur intérêt, si les prix de la région venaient à se relever), doit, aux termes du décret du 10 août 1899, faire l'objet d'une clause spéciale du marché.

L'Administration des Ponts et Chaussées insère dans les cahiers des charges des entreprises de travaux les dispositions ci-après (circulaire ministérielle du 17 octobre 1900) :

« S'il est procédé, en cours d'entreprise, dans les conditions déterminées par l'article 3 du décret du 10 août 1899, à la révision des prix du bordereau du taux des salaires et de la durée normale de la journée de travail joint au présent cahier des charges, et si les variations constatées dépassent la proportion de   p. 100, une révision correspondante des prix du marché pourra être réclamée par l'entrepreneur ou effectuée d'office par l'Administration. — Cette révision sera faite dans les conditions fixées par les trois derniers paragraphes de l'article 29 des clauses et conditions générales et les nouveaux prix seront appliqués aux travaux restant à exécuter à la date de la demande en révision de l'entrepreneur, ou de l'ordre de révision d'office. »

Ces dispositions pourraient, comme on l'a déjà fait remarquer, être tout aussi bien insérées à l'article 42 du

TÈXTE
proposé en 1897 par la Commission extra-parlementaire des marchés et adjudications de l'État.

MODIFICATIONS
proposées par le syndicat professionnel des entrepreneurs de travaux publics de France.

OBSERVATIONS DE LA COMMISSION.

cahier des clauses et conditions générales.

Quant à l'article 33, il y a lieu d'y maintenir le droit à la résiliation « sans indemnité »; la cause de l'augmentation des prix prévue par cet article n'étant pas imputable à l'Administration, on ne voit aucun motif pour qu'elle alloue une indemnité à l'entrepreneur; en réalité, la résiliation dans le cas prévu par l'article 33 est une mesure de bienveillance qui permet à l'entrepreneur de limiter ses pertes, quand il s'est produit des variations dans les prix dépassant ses prévisions.

ART. 34.

Cessation absolue ou ajournement des travaux.

Lorsque l'Administration ordonne la cessation absolue des travaux, l'entreprise est immédiatement résiliée. Lorsqu'elle prescrit leur ajournement pour plus d'une année, soit avant, soit après un commencement d'exécution, l'entrepreneur a droit à la résiliation de son marché s'il la demande, sans préjudice de l'indemnité qui, dans un cas comme dans l'autre, peut lui être allouée, s'il y a lieu.

Si les travaux ont reçu un commencement d'exécution, l'entrepreneur peut requérir qu'il soit procédé immédiatement à la réception provisoire des ouvrages exécutés, puis à leur réception définitive après l'expiration du délai de garantie.

ART. 34.

Cessation absolue ou ajournement des travaux.

Sans changement.

ART. 34.

Cessation absolue ou ajournement des travaux.

ART. 35.

Mesures coercitives.

Lorsque l'entrepreneur ne se conforme pas soit aux dispositions du de-

ART. 35.

Mesures coercitives.

Lorsque l'entrepreneur ne se conforme pas soit aux dispositions du de-

ART. 35.

Mesures coercitives.

Le syndicat demande que la mise en régie ne puisse être prononcée que

<table>
<tr><th>TEXTE
proposé en 1897 par la Commission extra-parlementaire des marchés et adjudications de l'État.</th><th>MODIFICATIONS
proposées par le syndicat professionnel des entrepreneurs de travaux publics de France.</th><th>OBSERVATIONS DE LA COMMISSION.</th></tr>
</table>

TEXTE proposé en 1897 par la Commission extra-parlementaire des marchés et adjudications de l'État.

vis, soit aux ordres de service écrits qui lui sont donnés par les ingénieurs, un arrêté du Préfet le met en demeure d'y satisfaire dans un délai déterminé. Ce délai, sauf le cas d'urgence, n'est pas de moins de dix jours à dater de la notification de l'arrêté de mise en demeure.

Passé ce délai, si l'entrepreneur n'a pas exécuté les dispositions prescrites, le Préfet, par un second arrêté, ordonne l'établissement d'une régie aux frais de l'entrepreneur. Dans ce cas, il est procédé immédiatement, en sa présence ou lui dûment appelé, à l'inventaire descriptif du matériel de l'entreprise.

Il en est aussitôt rendu compte au Ministre, qui peut, selon les circonstances, soit ordonner une nouvelle adjudication *à la folle enchère de l'entrepreneur*, soit prononcer la résiliation pure et simple du marché, soit prescrire la continuation de la régie.

Pendant la durée de la régie, l'entrepreneur est autorisé à en suivre les opérations, sans qu'il puisse toutefois entraver l'exécution des ordres des ingénieurs.

Il peut d'ailleurs être relevé de la régie s'il justifie des moyens nécessaires pour reprendre les travaux et les mener à bonne fin.

Les excédents de dépenses qui résultent de la régie *ou de l'adjudication sur folle enchère* sont prélevés sur les sommes qui peuvent être dues à l'entrepreneur, *sans préjudice des droits à exercer contre lui en cas d'insuffisance.* Si la régie *ou l'adjudication sur folle enchère* amènent au contraire une diminution dans les dépenses, l'entrepreneur *ne peut réclamer aucune part de ce bénéfice, qui reste acquis à l'Administration.*

MODIFICATIONS proposées par le syndicat professionnel des entrepreneurs de travaux publics de France.

vis, soit aux ordres de service écrits qui lui sont donnés par les ingénieurs, un arrêté du Préfet le met en demeure d'y satisfaire dans un délai déterminé. Ce délai, sauf le cas d'urgence, n'est pas de moins de dix jours à dater de la notification de l'arrêté de mise en demeure.

Passé ce délai, si l'entrepreneur n'a pas exécuté les dispositions prescrites, le Préfet, par un second arrêté, ordonne l'établissement d'une régie aux frais de l'entrepreneur, *si le Ministre l'a autorisée après enquête faite sur place par un de ses délégués et dans laquelle les ingénieurs intéressés et l'entrepreneur auront été entendus contradictoirement.* Dans ce cas, il est procédé immédiatement, *en présence de l'entrepreneur,* ou lui dûment appelé, à l'inventaire descriptif du matériel de l'entreprise.

Il est aussitôt rendu compte *des opérations* au Ministre, qui peut, selon les circonstances, soit ordonner une nouvelle adjudication, soit prononcer la résiliation pure et simple du marché, soit prescrire la continuation de la régie.

Pendant la durée de la régie, l'entrepreneur est autorisé à en suivre les opérations, sans qu'il puisse toutefois entraver l'exécution des ordres des ingénieurs.

Il peut d'ailleurs être relevé de la régie s'il justifie des moyens nécessaires pour reprendre les travaux et les mener à bonne fin.

Les excédents de dépenses qui résultent de la régie sont prélevés sur les sommes qui peuvent être dues à l'entrepreneur.

Si la régie amène au contraire une diminution dans les dépenses, *l'économie réalisée reviendra à l'entrepreneur.*

OBSERVATIONS DE LA COMMISSION.

par le Ministre après enquête sur place;

Qu'on supprime le droit pour l'Administration de procéder à une réadjudication à la folle enchère de l'entrepreneur;

Qu'on exonère l'entrepreneur des conséquences de la régie au delà des sommes qui lui sont dues;

Que les économies réalisées par la régie reviennent à l'entrepreneur.

La question des formalités devant précéder la mise en régie a été examinée plus haut (II, § 5, G., page 58) (1).

Quant à la suppression du droit pour l'Administration de réadjuger les travaux à la folle enchère de l'entrepreneur, la Commission n'y verrait pas d'inconvénients sérieux si l'exécution en régie était toujours possible, attendu qu'elle constituerait une mesure coercitive suffisante. Mais il n'en est pas ainsi dans certains cas, notamment quand il s'agit d'ouvrages que le soumissionnaire fait construire dans son usine : s'il ne remplit pas ses engagements, l'État n'a d'autre moyen d'assurer l'exécution des travaux que de procéder à une réadjudication. Et le désintéresser des conséquences de cette réadjudication, serait lui permettre de se dégager de ses engagements sans avoir à redouter aucune pénalité.

Satisfaction ne saurait donc être donnée au syndicat sur ce point; mais on pourrait, en cas d'excédents de dépenses résultant, soit de la régie, soit de la folle enchère, sinon se borner, comme il le demande, à prélever ces excédents sur le cautionnement et les

____

(1) La Commission a été d'avis qu'il y a lieu, pour le Préfet, d'en référer au Ministre (sauf le cas d'urgence), avant de prendre l'arrêté de mise en régie.

<table>
<tr><td>

TEXTE
proposé en 1897 par la Commission extra-parlementaire des marchés et adjudications de l'État.

———

</td><td>

MODIFICATIONS
proposées par le syndicat professionnel des entrepreneurs de travaux publics de France.

———

</td><td>

OBSERVATIONS DE LA COMMISSION.

———

sommes dues à l'entrepreneur, et renoncer à exercer des droits contre lui en cas d'insuffisance, du moins fixer un maximum pour le montant des excédents qui pourraient lui être réclamés. Il paraît excessif, en effet, de mettre à sa charge, sans aucune limitation, les conséquences de la régie, alors qu'elles peuvent dépendre dans une certaine mesure de dispositions prises en dehors de lui par l'Administration ou de circonstances sur lesquelles il est sans action. Il paraît aussi difficile d'admettre que les conséquences de la folle enchère soient entièrement supportées par lui quand les prix de la nouvelle adjudication sont supérieurs à ceux qui avaient été fixés par l'Administration pour servir de base au marché primitif. La Commission propose, en conséquence, d'ajouter à l'avant-dernier paragraphe les mots : *jusqu'à concurrence du montant du rabais de l'entreprise sur les travaux restant à exécuter lors de la mise en régie.*

Par contre, il serait inadmissible que l'entrepreneur bénéficiât des économies réalisées ; la mise en régie ne saurait être pour lui, en aucun cas, une source de profits.

</td></tr>
</table>

<table>
<tr><td align="center">

Art. 36.

Décès de l'entrepreneur.

</td><td align="center">

Art. 36.

Décès de l'entrepreneur.

</td><td align="center">

Art. 36.

Décès de l'entrepreneur.

</td></tr>
<tr><td>

En cas de décès de l'entrepreneur, le contrat est résilié de droit, sauf à l'Administration à accepter, s'il y a lieu, les offres qui peuvent être faites par les héritiers pour la continuation des travaux.

</td><td align="center">

Sans changement.

</td><td>

</td></tr>
</table>

TEXTE proposé en 1897 par la Commission extra-parlementaire des marchés et adjudications de l'État.	MODIFICATIONS proposées par le syndicat professionnel des entrepreneurs de travaux publics de France.	OBSERVATIONS DE LA COMMISSION.
ART. 37.	ART. 37.	ART. 37.
Faillite de l'entrepreneur.	**Liquidation judiciaire ou faillite de l'entrepreneur.**	**Liquidation judiciaire ou faillite de l'entrepreneur.**
En cas de faillite de l'entrepreneur, le contrat est également résilié de plein droit, sauf à l'Administration à accepter, s'il y a lieu, les offres qui peuvent être faites par *les créanciers*, pour la continuation de l'entreprise.	*En cas de liquidation judiciaire ou de faillite* de l'entrepreneur, le contrat est également résilié de plein droit, sauf à l'Administration à accepter, s'il y a lieu, les offres qui peuvent être faites pour la continuation de l'entreprise *par l'entrepreneur, dans le premier cas, et par ses créanciers, dans le second.*	La rédaction indiquée par le syndicat est la rédaction actuelle du cahier des clauses et conditions générales de l'Administration des Ponts et Chaussées; il ne paraît pas y avoir lieu de revenir sur la rédaction arrêtée par la Commission de 1895 qui a admis que la liquidation judiciaire ne constituait pas une entrave à l'exécution du marché et, qu'en conséquence, elle ne devait pas être considérée par elle-même comme un cas de résiliation. Toutefois, il serait utile de spécifier que l'entreprise sera résiliée au cas où l'entrepreneur ne serait pas autorisé par le tribunal à continuer l'exploitation de son industrie (art. 6 de la loi du 4 mars 1899); à cet effet, on compléterait l'article 37 par le paragraphe ci-après : *« Il en est de même en cas de liquidation judiciaire, si l'entrepreneur n'est pas autorisé par le tribunal à continuer l'exploitation de son industrie. »*

TITRE III.

RÈGLEMENT DES DÉPENSES.

TITRE III.	**TITRE III.**	**TITRE III.**
RÈGLEMENT DES DÉPENSES.	RÈGLEMENT DES DÉPENSES.	RÈGLEMENT DES DÉPENSES.
ART. 38.	ART. 38.	ART. 38.
Bases du règlement des comptes.	**Bases du règlement des comptes.**	**Bases du règlement des comptes.**
A défaut de stipulations spéciales dans le devis, les comptes sont établis d'après les quantités d'ouvrages réellement effectuées, suivant les dimensions et les poids constatés par des métrés définitifs et des pesages faits en cours,	Sans changement.	

TEXTE	MODIFICATIONS	
proposé en 1897 par la Commission extra-parlementaire des marchés et adjudications de l'État.	proposées par le syndicat professionnel des entrepreneurs de travaux publics de France.	OBSERVATIONS DE LA COMMISSION.

ou en fin d'exécution, sauf les cas prévus par l'article 23, et les dépenses sont réglées d'après les prix de l'adjudication.

L'entrepreneur ne peut, dans aucun cas, pour les métrés et pesages, invoquer en sa faveur les us et coutumes.

ART. 39.

Attachements.

Les attachements sont pris, au fur et à mesure de l'avancement des travaux, par l'agent chargé de la surveillance, en présence de l'entrepreneur et contradictoirement avec lui; celui-ci doit les signer au moment de la présentation qui lui en est faite.

Lorsque l'entrepreneur refuse de signer ces attachements ou ne les signe qu'avec réserve, il lui est accordé un délai de dix jours à dater de la présentation des pièces pour formuler par écrit ses observations. Passé ce délai, les attachements sont censés être acceptés par lui, comme s'ils étaient signés sans réserve.

Dans le cas de refus de signature ou de signature avec réserve, il est dressé procès-verbal de la présentation et des circonstances qui l'ont accompagnée. Ce procès-verbal est annexé aux pièces non acceptées.

Les résultats des attachements inscrits sur les carnets ne sont portés en compte qu'autant qu'ils ont été admis par les ingénieurs.

ART. 39.

Attachements.

Les attachements sont pris, au fur et à mesure de l'avancement des travaux, par l'agent chargé de la surveillance, en présence de l'entrepreneur et contradictoirement avec lui; celui-ci doit les signer au moment de la présentation qui lui en sera faite.

Lorsque l'entrepreneur refuse de signer ces attachements ou ne les signe qu'avec réserve, il lui est accordé un délai de dix jours à dater de la présentation des pièces pour formuler par écrit ses observations. Passé ce délai, les attachements sont censés être acceptés par lui, comme s'ils étaient signés sans réserve.

Dans le cas de refus de signature ou de signature avec réserve, il est dressé procès-verbal de la présentation et des circonstances qui l'ont accompagnée. Ce procès-verbal est annexé aux pièces non acceptées.

Les attachements n'étant que des constatations de faits, l'Administration ne peut se refuser à prendre ceux dont l'entrepreneur demande l'inscription aux carnets.

Dans tous les cas, les résultats des attachements inscrits sur les carnets ne sont portés en compte qu'autant qu'ils ont été admis par les ingénieurs.

ART. 39.

Attachements.

Obliger l'Administration à faire prendre sur les carnets tous les attachements dont l'entrepreneur demanderait l'inscription pourrait donner lieu à des abus. La Commission reconnaît toutefois qu'il y a un intérêt sérieux, dans certains cas, aussi bien pour l'Administration que pour l'entrepreneur, à ce qu'il soit fait des constatations contradictoires qui faciliteront ultérieurement l'examen des réclamations.

Aussi propose-t-elle d'ajouter à l'article 39 un paragraphe final ainsi conçu :

En cas de réclamations de l'entrepreneur produites dans les circonstances prévues au dernier paragraphe de l'article 10, des attachements contradictoires sont pris, soit sur sa demande, soit sur l'ordre de l'ingénieur, en vue de la suite à donner à ces réclamations.

TEXTE proposé en 1897 par la Commission extra-parlementaire des marchés et adjudications de l'État.	MODIFICATIONS proposées par le syndicat professionnel des entrepreneurs de travaux publics de France.	OBSERVATIONS DE LA COMMISSION.

ART. 40.

Décomptes provisoires mensuels.

A la fin de chaque mois, il est dressé un décompte provisoire des ouvrages exécutés et des dépenses faites pour servir de base aux payements d'acomptes à faire à l'entrepreneur.

ART. 41.

Décomptes annuels et décomptes définitifs.

A la fin de chaque année, il est dressé un décompte de l'entreprise que l'on divise en deux parties : la première comprend les ouvrages et portions d'ouvrages dont le métré a pu être arrêté définitivement ; et la seconde, les ouvrages ou portions d'ouvrages dont la situation n'a pu être établie que d'une manière provisoire.

L'entrepreneur est invité, par un ordre de service dûment notifié, à venir prendre connaissance, dans les bureaux de l'ingénieur, *de ce décompte, auquel sont joints* les métrés et les pièces à l'appui, et à le signer pour acceptation ; procès-verbal est dressé de la *présentation* qui lui en est faite et des circonstances qui l'ont accompagnée.

L'entrepreneur, indépendamment de la *communication* qui lui est faite *de ses pièces sans déplacement*, est en outre autorisé à faire transcrire par ses commis, dans les bureaux de l'ingénieur, *celles* dont il veut se procurer des expéditions.

En ce qui concerne la première partie du décompte, l'acceptation de l'entrepreneur est définitive, tant pour les quantités d'ouvrages que pour l'application des prix.

ART. 40.

Décomptes provisoires mensuels.

Sans changement.

ART. 41.

Décomptes annuels et décomptes définitifs.

A la fin de chaque année, il est dressé un décompte de l'entreprise que l'on divise en deux parties : la première comprend les ouvrages et portions d'ouvrages dont le métré a pu être arrêté définitivement ; et la seconde, les ouvrages et portions d'ouvrages dont la situation n'a pu être établie que d'une manière provisoire ; *une copie certifiée conforme est remise à l'entrepreneur qui* est invité, par un ordre de service dûment notifié, à venir prendre connaissance, dans les bureaux de l'ingénieur, des métrés et des pièces à l'appui et à le signer pour acceptation ; procès-verbal est dressé *de la remise* qui lui en est faite et des circonstances qui l'ont accompagnée.

L'entrepreneur, indépendamment de la *remise* qui lui est faite du *décompte,* est en outre autorisé à faire transcrire, par ses commis, dans les bureaux de l'ingénieur, les pièces dont il veut se procurer des expéditions.

En ce qui concerne la première partie du décompte, l'acceptation de l'entrepreneur est définitive, tant pour les quantités d'ouvrages que pour l'application des prix.

S'il refuse d'accepter ou s'il ne signe qu'avec réserves, il doit déduire ses

---

ART. 40.

Décomptes provisoires mensuels.

"

ART. 41.

Décomptes annuels et décomptes définitifs.

La Commission ne voit pas d'avantages à supprimer, comme le propose le Syndicat, les décomptes définitifs partiels ; dans certains cas, il peut y avoir intérêt, aussi bien pour l'entrepreneur que pour l'Administration, à régler définitivement ceux des ouvrages qui sont complètement terminés.

L'addition relative au délai de trois mois à dater de la réception provisoire fixé pour la notification du décompte général définitif paraît devoir être admise, bien que ce délai puisse être un peu court pour les entreprises très importantes. Il y a, en effet, tout avantage, aussi bien pour l'État que pour l'entrepreneur, à ce que le décompte général et définitif soit dressé dans un très bref délai après la réception provisoire, de telle sorte que les réclamations puissent être produites et examinées alors que les faits sont encore récents et que le personnel qui a suivi les travaux ne s'est pas encore éloigné. Aussi, la Commission est-elle d'avis d'ajouter à l'article 41 un paragraphe final ainsi libellé :

A défaut de stipulation expresse dans le cahier des charges, l'ordre de service invitant l'entrepreneur à prendre connaissance de ce décompte lui sera notifié

TEXTE	MODIFICATIONS	OBSERVATIONS DE LA COMMISSION

<table>
<tr><td valign="top">

TEXTE
proposé en 1897 par la Commission extra-parlementaire des marchés et adjudications de l'État.

S'il refuse d'accepter ou s'il ne signe qu'avec réserves, il doit déduire ses motifs par écrit dans les trente jours qui suivent la notification de l'ordre de service *mentionné au paragraphe 2.*

Il est expressément stipulé que l'entrepreneur n'est point admis à élever de réclamations au sujet des pièces ci-dessus indiquées après ledit délai de trente jours, et que, passé ce délai, le décompte est censé accepté par lui, quand bien même il ne l'aurait signé qu'avec des réserves dont les motifs ne seraient pas spécifiés.

Le procès-verbal de présentation doit toujours être annexé aux pièces non acceptées.

En ce qui concerne la deuxième partie du décompte, l'acceptation de l'entrepreneur n'est considérée que comme provisoire.

Les stipulations des paragraphes 2, 3, 4, 5, 6 et 7 du présent article *s'appliquent aux décomptes définitifs partiels qui peuvent être présentés à l'entrepreneur dans le courant de la campagne.*

Elles s'appliquent aussi au décompte général et définitif de l'entreprise, à l'exception du délai des réclamations qui est porté à quarante jours.

</td><td valign="top">

MODIFICATIONS
proposées par le syndicat professionnel des entrepreneurs de travaux publics de France.

motifs par écrit dans les trente jours qui suivent la notification de l'ordre de service *notifiant le décompte.*

Il est expressément stipulé que l'entrepreneur n'est point admis à élever de réclamations au sujet des pièces ci-dessus indiquées après ledit délai de trente jours et que, passé ce délai, le décompte est censé accepté par lui, quand bien même il ne l'aurait signé qu'avec des réserves dont les motifs ne seraient pas spécifiés.

Le procès-verbal de présentation doit toujours être annexé aux pièces non acceptées.

En ce qui concerne la deuxième partie du décompte, l'acceptation de l'entrepreneur n'est considérée que comme provisoire.

Les stipulations des paragraphes 1, 2, 3, 4, 5 et 6 du présent article s'appliquent aussi *au décompte général et définitif de l'entreprise, à l'exception du délai des réclamations qui est porté à quarante jours.*

Le décompte définitif général de l'entreprise doit être notifié à l'entrepreneur dans les trois mois qui suivent la réception provisoire.

</td><td valign="top">

OBSERVATIONS DE LA COMMISSION

dans un délai de trois mois à partir [de] la date de la réception provisoire.

Quant à la substitution de la remi[se] à la *communication* des décomptes, qu[e] demande le syndicat, elle paraît pré[-]senter peu d'intérêt (1). L'ingénie[ur] étant tenu de mettre, dans ses bu[-]reaux, les métrés et les pièces à l'app[ui] du décompte à la disposition de l'e[n-]trepreneur, il peut, en cas de dif[fi-]cultés, faire prendre copie de ce dé[-]compte en même temps que des pièc[es] utiles pour la rédaction de son mé[-]moire de réclamations.

</td></tr>
</table>

<table>
<tr><td valign="top" align="center">

ART. 42.

L'entrepreneur ne peut revenir sur les prix du marché.

</td><td valign="top" align="center">

ART. 42.

L'entrepreneur ne peut revenir sur les prix du marché.

</td><td valign="top" align="center">

ART. 42.

L'entrepreneur ne peut revenir sur les prix du marché.

</td></tr>
<tr><td valign="top">

L'entrepreneur ne peut, sous aucun prétexte, revenir sur les prix du marché qui ont été consentis par lui.

</td><td valign="top">

L'entrepreneur ne peut, sous aucun prétexte, revenir sur les prix du marché qui ont été consentis par lui, *sauf les cas de révision prévus par les lois, décrets et arrêtés sur la matière et par les présentes clauses et conditions générales.*

</td><td valign="top">

Il conviendrait de compléter cet a[r-]ticle ainsi qu'il a été dit plus ha[ut] (art. 33).

---

(1) Le syndicat ne justifie d'ailleurs pa[s] cette substitution dans son mémoire à l'app[ui] de la demande de révision du cahier d[es] clauses et conditions générales.

</td></tr>
</table>

<table>
<tr><td>

TEXTE

proposé en 1897 par la Commission extra-parlementaire des marchés et adjudications de l'État.

</td><td>

MODIFICATIONS

proposées par le syndicat professionnel des entrepreneurs de travaux publics de France.

</td><td>

OBSERVATIONS DE LA COMMISSION.

</td></tr>
<tr><td>

ART. 43.

Reprise du matériel en cas de résiliation.

Dans les cas de résiliation prévus par les articles 9, 30, 31, 33, 34, 35, 36 et 37, l'État a la faculté d'acquérir les outils et équipages existant sur les chantiers et qu'il juge nécessaires pour l'achèvement des travaux, si l'entrepreneur ou ses ayants droit en font la demande, et le prix en est réglé de gré à gré ou à dire d'experts.

Dans tous les cas de résiliation, l'entrepreneur est tenu d'évacuer les chantiers, magasins et emplacements utiles à l'entreprise dans le délai qui est fixé par l'Administration.

Les matériaux approvisionnés par ordre et déposés sur les chantiers, s'ils remplissent les conditions du devis, sont acquis par l'État aux prix de l'adjudication ou à ceux résultant de l'application de l'article 29 ci-dessus.

Les matériaux qui ne sont pas déposés sur les chantiers ne sont pas portés en compte à moins de stipulations spéciales inscrites dans le devis de l'entreprise.

</td><td>

ART. 43.

Reprise du matériel en cas de résiliation.

Dans les cas de résiliation prévus par les articles 30, 34, 33, 35 et 37, l'État a la faculté d'acquérir les outils et équipages existant sur les chantiers et qu'il juge nécessaires pour l'achèvement des travaux, si l'entrepreneur ou ses ayants droit en font la demande, et le prix en est réglé de gré à gré ou à dire d'experts. *Dans le cas des articles 34 et 36, l'État a l'obligation de le faire, si l'entrepreneur ou ses ayants droits en font la demande.*

Dans tous les cas de résiliation, l'entrepreneur est tenu d'évacuer les chantiers, magasins et emplacements utiles à l'entreprise dans le délai qui est fixé par l'Administration.

Les matériaux approvisionnés par ordre et déposés sur les chantiers, *ainsi que ceux extraits en vue des travaux dans les carrières autorisées ou préparés dans les usines,* s'ils remplissent les conditions du devis, sont acquis par l'État aux prix de l'adjudication ou à ceux résultant de l'application de l'article 29 ci-dessus.

Les matériaux qui ne sont pas déposés sur les chantiers, *sous réserve de ce qui est dit au paragraphe précédent,* ne sont pas portés en compte, à moins de stipulations spéciales inscrites dans le devis de l'entreprise. *Les commandes régulièrement passées aux usines pour l'exécution d'ouvrages ne pouvant être faits directement sur les chantiers seront prises en charge par l'Administration.*

</td><td>

ART. 43.

Reprise du matériel en cas de résiliation.

La modification demandée pour le premier paragraphe consiste à adopter les dispositions actuellement en usage dans le service des Ponts et Chaussées et des Travaux hydrauliques de la Marine, dispositions qui sont plus avantageuses pour l'entrepreneur que celles adoptées par la Commission de 1895.

Les motifs invoqués par cette Commission (séance du 9 novembre 1897) ayant conservé toute leur valeur, il ne semble pas qu'il y ait lieu de revenir sur sa proposition et de rendre la reprise du matériel obligatoire dans les cas de résiliation prévus par les articles 34 (cessation ou ajournement des travaux) et 36 (décès de l'entrepreneur).

Toutefois, quand il s'agit de travaux dont l'exécution nécessite l'emploi d'un matériel spécial, la crainte de ne pouvoir s'en défaire le cas échéant, empêcherait certains entrepreneurs de soumissionner ou les amènerait à faire des conditions moins avantageuses et il pourrait y avoir intérêt à prévoir la reprise. C'est en vue de cette éventualité que la Commission propose d'adopter la rédaction ci-après pour le premier paragraphe de l'article 43 :

« A moins de stipulation expresse dans le devis, l'Administration, dans tous les cas de résiliation prévus par le présent cahier des clauses et conditions générales, a la faculté, mais non l'obligation d'acquérir telle partie du matériel de l'entreprise qu'elle juge utile à l'achèvement des travaux, si l'entrepreneur ou ses ayants droit en font la demande. »

</td></tr>
</table>

En ce qui concerne les matéria[ux]
approvisionnés que l'Administratio[n]
serait tenue de prendre en charge, [la]
Commission considère que dans [la]
plupart des cas, il serait tout aus[si]
rationnel de reprendre les matéria[ux]
préparés et approvisionnés dans l[es]
carrières ou les usines en vue des tr[a-]
vaux que ceux déposés sur les cha[n-]
tiers, et elle propose d'admettre qu[e,]
moins de stipulations spéciales inscrit[es]
dans le devis de l'entreprise, les mat[é-]
riaux approvisionnés par ordre, s'[ils]
remplissent les conditions du devi[s,]
sont acquis par l'État aux prix de l'adj[u-]
dication ou à ceux résultant de l'app[li-]
cation de l'article 29 ci-dessus.

Quant aux commandes qui ne so[nt]
pas encore exécutées au jour de la r[é-]
siliation (et qui peuvent l'être seu[le-]
ment plusieurs mois, voire même pl[u-]
sieurs années après), l'État ne sa[u-]
rait les prendre en charge, comm[e]
le demande le syndicat, que si le ch[ef]
de service en avait préalablement a[c-]
cepté les conditions, à moins de s'e[x-]
poser à subir les conséquences de ma[r-]
chés onéreux passés par un entrepr[e-]
neur imprudent ou incapable ou ma[l]
intentionné. Si donc on devait admett[re]
que cette prise en charge fût obliga[-]
toire, l'entrepreneur serait tenu d[e]
s'entendre à la fois avec l'Admini[s-]
tration et avec ses fournisseurs (ca[r-]
riers, constructeurs, etc.), avant d'a[r-]
rêter aucune commande. Il y aurait [là]
une ingérence de l'Administration dan[s]
les affaires de l'entrepreneur égalemen[t]
inacceptable et pour lui et pour elle[.]

| TEXTE proposé en 1897 par la Commission extra-parlementaire des marchés et adjudications de l'État. | MODIFICATIONS proposées par le syndicat professionnel des entrepreneurs de travaux publics de France. | OBSERVATIONS DE LA COMMISSION. |

TITRE IV.

PAYEMENTS.

ART. 44.

Payements d'acomptes.

Les payements d'acomptes s'effectuent tous les mois, en raison de la situation des travaux exécutés, *sauf retenue d'un dixième pour garantie.*

Il est en outre délivré des acomptes sur le prix des matériaux approvisionnés jusqu'à concurrence des quatre cinquièmes de leur valeur.

Le tout sous la réserve énoncée à l'article 49 ci-après, et sauf le payement des acomptes à des époques plus rapprochées, en vertu, soit de l'article 6 du décret du 14 juin 1888, fixant les conditions exigées des sociétés d'ouvriers français pour soumissionner aux adjudications de l'État, soit des autres exceptions qui pourraient résulter des lois et décrets en vigueur.

ART. 45.

Maximum de la retenue.

Si la retenue du dixième est jugée excéder la proportion nécessaire pour la garantie de l'entreprise, il peut être stipulé au devis ou décidé en cours d'exécution qu'elle cessera de s'accroître lorsqu'elle aura atteint un maximum déterminé.

ART. 46.

Réception provisoire.

Immédiatement après l'achèvement des travaux, il est procédé à une ré-

---

TITRE IV.

PAYEMENTS.

ART. 44.

Payements d'acomptes.

Les payements d'acomptes s'effectuent tous les mois, en raison de la situation des travaux exécutés.

Il est en outre délivré des acomptes sur le prix des matériaux approvisionnés jusqu'à concurrence des quatre cinquièmes de leur valeur.

Le tout sous la réserve énoncée à l'article 49 ci-après, et sauf le payement des acomptes à des époques plus rapprochées, en vertu soit de l'article 6 du décret du 4 juin 1888, fixant les conditions exigées des sociétés d'ouvriers français pour soumissionner aux adjudications de l'État, soit des autres exceptions qui pourraient résulter des lois et décrets en vigueur.

ART. 45.

Retenue.

Aucune retenue ne sera opérée sur le montant des situations mensuelles, la garantie d'exécution des obligations de l'entrepreneur étant assurée par le cautionnement déposé par lui.

ART. 46.

Réception provisoire.

Sans changement.

TITRE IV.

PAYEMENTS.

ART. 44.

Payements d'acomptes.

Au cours de leur déposition devant la Commission, les représentants du syndicat professionnel des entrepreneurs avaient demandé, non pas que la retenue de garantie soit supprimée, mais qu'elle soit progressivement substituée au cautionnement; il serait remboursable quand la retenue atteindrait le montant du cautionnement définitif.

La Commission a expliqué plus haut (II, § 3, *a*, page 56) que le cautionnement et la retenue de garantie ne font pas double emploi.

Il ne saurait, à son avis, être donné suite aux modifications proposées, qui ont pour base la suppression de la retenue de garantie.

ART. 45.

Maximum de la retenue.

(Voir art. 44.)

ART. 46.

Réception provisoire.

13

TEXTE	MODIFICATIONS	
proposé en 1897 par la Commission extra-parlementaire des marchés et adjudications de l'État.	proposées par le syndicat professionnel des entrepreneurs de travaux publics de France.	OBSERVATIONS DE LA COMMISSION

ception provisoire par l'Ingénieur ordinaire, en présence de l'entrepreneur, ou lui dûment appelé par écrit. En cas d'absence de l'entrepreneur, il en est fait mention au procès-verbal.

ART. 47.

Réception définitive.

Il est procédé de la même manière à la réception définitive après l'expiration du délai de garantie.

A défaut de stipulation expresse dans le devis, ce délai est de six mois à dater de la réception provisoire pour les travaux d'entretien, les terrassements et les chaussées d'empierrement, et d'un an pour les ouvrages d'art.

Pendant la durée de ce délai, l'entrepreneur demeure responsable de ses ouvrages et est tenu de les entretenir, sans préjudice de l'action en garantie prévue par les articles 1792 et 2290 du Code civil.

ART. 47.

Réception définitive.

Sans changement.

ART. 47.

Réception définitive.

"

ART. 48.

Payement de la retenue de garantie.

La retenue de garantie de l'entreprise n'est payée à l'entrepreneur qu'après la réception définitive et lorsqu'il a justifié de l'accomplissement des obligations énoncées dans l'article 19.

Si l'entrepreneur n'a pas fourni cette justification au moment de la réception définitive, *la retenue de garantie est déposée en tout ou en partie à la Caisse des dépôts et consignations pour n'être ensuite délivrée à l'entrepreneur que sur le vu d'un certificat de l'Ingénieur en chef constatant que les prescriptions énoncées au paragraphe précédent ont été remplies.*

ART. 48.

Remboursement du cautionnement.

Le cautionnement de l'entreprise est remboursé à l'entrepreneur après la réception définitive et lorsqu'il a justifié de l'accomplissement des obligations énoncées dans l'article 19.

Si l'entrepreneur n'a pas fourni cette justification au moment de la réception définitive, *le cautionnement est retenu jusqu'à la production par l'entrepreneur d'un certificat de l'Ingénieur en chef constatant que les prescriptions énoncées au paragraphe précédent ont été accomplies.*

ART. 48.

Payement de la retenue de garantie.

(Voir art. 44 et 45.)

TEXTE
posé en 1897 par la Commission extra-
arlementaire des marchés et adjudi-
ations de l'État.

MODIFICATIONS
proposées par le syndicat professionnel
des entrepreneurs de travaux publics
de France.

OBSERVATIONS DE LA COMMISSION.

ART. 49.

Intérêts pour retard de payement.

Les payements ne pouvant être faits
au fur et à mesure des fonds dispo-
les, il ne sera jamais alloué d'in-
nités, sous aucune dénomination,
ır retard de payement pendant l'exé-
ion des travaux.

Toutefois, si l'entrepreneur ne peut
, entièrement soldé dans les trois
is qui suivent la réception définitive
ulièrement constatée, il a droit à
intérêts calculés d'après le taux
al pour la somme qui lui reste due.
is ces intérêts ne seront payés que
sa demande et à partir du jour de
e demande.

ART. 49.

Intérêts pour retard de payement.

Les payements ne pouvant être faits
qu'au fur et à mesure des fonds dis-
ponibles, il ne sera jamais alloué d'indemnités, sous aucune dénomination,
pour retard de payement pendant l'exécution des travaux.

Toutefois, si l'entrepreneur ne peut
être entièrement soldé dans les trois
mois qui suivent la réception définitive
régulièrement constatée, il a droit de
plano à des intérêts calculés d'après le
taux légal pour la somme qui lui reste
due.

*Chaque année, dans le mois suivant
le vote du budget intéressé, l'entrepreneur
recevra avis du montant des crédits affectés à son entreprise pour l'exercice courant.*

*Les délais d'exécution stipulés au
dossier d'adjudication seront modifiés en
conséquence des crédits accordés au cas
où ceux-ci seraient insuffisants pour assurer l'achèvement des travaux dans les
délais prévus. Toutefois, l'entrepreneur
pourra continuer les travaux; dans ce
cas il aura droit aux intérêts calculés au
taux légal des avances faites par lui à
concurrence du montant des situations
mensuelles régulièrement établies en vertu
de l'article 44.*

*Le point de départ des intérêts dus
pour cette cause sera fixé à un mois de
date de l'établissement des situations
mensuelles.*

*Si les payements étaient différés de
plus d'une année, les intérêts des intérêts
seraient dus sans qu'il soit besoin de
demande préalable.*

ART. 49.

Intérêts pour retard de payement.

L'obligation pour l'entrepreneur de
demander l'intérêt des sommes qui lui
restent dues quand il n'a pas été entièrement soldé dans les trois mois qui
suivent la réception définitive n'est pas
stipulée dans le cahier des clauses et
conditions générales en usage dans la
plupart des administrations. En l'insé-
rant à l'article 49, la Commission de
1895 a voulu éviter que l'État ne soit
exposé à payer des intérêts moratoires
par suite de la négligence d'agents qui
diffèrent les payements bien qu'ils dis-
posent des ordonnances de fonds nécessaires. La demande de l'entrepreneur à l'expiration du délai de trois
mois fixé par l'article 49, leur rappelle
qu'ils causent au Trésor, par leur retard, un préjudice dont ils portent la
responsabilité.

Bien que le taux de l'intérêt ait été
réduit de 5 à 4 p. o/o, et que désor-
mais les entrepreneurs aient (sauf
peut-être dans les colonies), bien rarement avantage à ne pas réclamer le
solde de leur décompte en vue de tou-
cher des intérêts, la Commission ne
croit pas qu'il y ait lieu de revenir sur
une mesure qui est déjà appliquée et
qui ne peut présenter aucun inconvénient sérieux pour les entrepreneurs.

Quant au désir d'être fixé en temps
utile sur les crédits annuels affectés à
l'entreprise, on ne peut contester qu'il
soit légitime.

La Commission verrait cependant de
sérieux inconvénients à ce que l'Administration fût obligée de notifier *dans
tous les cas*, au début de l'exercice, le
montant *ne varietur* du crédit affecté
aux travaux. Elle estime qu'il est né-

TEXTE	MODIFICATIONS	OBSERVATIONS DE LA COMMISSION
proposé en 1897 par la Commission extra-parlementaire des marchés et adjudications de l'État.	proposées par le syndicat professionnel des entrepreneurs de travaux publics de France.	

cessaire que le chef de service puiss[e]
pour assurer l'emploi des ressourc[es]
annuelles mises à sa disposition, dim[i-]
nuer ou augmenter les crédits d'u[ne]
entreprise suivant la marche des ent[re-]
prises voisines. Il y a lieu de consid[é-]
rer, d'ailleurs, que les modificatio[ns]
de crédit soulèvent rarement des dif[fi-]
cultés. Dans une entreprise en cour[s]
il n'est pas toujours nécessaire de fai[re]
chômer certaines installations ou d'e[n]
créer de nouvelles pour réduire ou au[g-]
menter pendant quelques mois [le]
chiffre des dépenses à porter [en]
compte. D'autre part, si le crédit e[st]
diminué, c'est généralement par[ce]
que le chef de service a reconnu l'i[m-]
possibilité pour l'entrepreneur de d[é-]
penser en temps utile celui qui a é[té]
précédemment ouvert, et si le créd[it]
est augmenté, l'entrepreneur sait q[ue]
l'Administration ne peut l'obliger [à]
prendre des dispositions nouvelles e[n]
vue de dépenser le supplément qu'a[u]
cas où les travaux ne sont pas pouss[és]
avec une activité suffisante pour êt[re]
terminés dans les délais prévus a[u]
cahier des charges.

Eu égard à ces considérations, [la]
Commission pense qu'il suffirait de st[i-]
puler dans le cahier des charges, —
quand la nature de l'entreprise le co[m-]
portera, — qu'aussitôt que possib[le]
après le vote du budget, l'entrepr[e-]
neur sera avisé du montant appro[xi-]
matif du crédit affecté à ses travau[x]
pour l'exercice courant.

Le surplus des demandes du synd[i-]
cat relatives à l'article 49 ne saura[it]
être pris en considération, l'entrepr[e-]
neur ne pouvant évidemment êt[re]
autorisé à poursuivre ses travaux quan[d]
les crédits sont épuisés.

<table>
<tr>
<td>

TEXTE
roposé en 1897 par la Commission extra-parlementaire des marchés et adjudications de l'État.

</td>
<td>

MODIFICATIONS
proposées par le syndicat professionnel des entrepreneurs de travaux publics de France.

</td>
<td>

OBSERVATIONS DE LA COMMISSION.

</td>
</tr>
<tr>
<td>

TITRE V.

CONTESTATIONS.

</td>
<td>

TITRE V.

CONTESTATIONS.

</td>
<td>

TITRE V.

CONTESTATIONS.

</td>
</tr>
<tr>
<td>

ART. 50.

Intervention de l'ingénieur en chef.

Si, dans le cours de l'entreprise, des ifficultés s'élèvent entre l'ingénieur rdinaire et l'entrepreneur, il en est éféré à l'ingénieur en chef.

Dans les cas prévus par l'article 22, ar le deuxième paragraphe de l'article 23 et par le deuxième paragraphe le l'article 27, si l'entrepreneur conteste les faits, l'ingénieur ordinaire tresse procès-verbal des circonstances le la contestation, et le notifie à l'entrepreneur, qui doit présenter ses observations dans un délai de *trois jours*. Le procès-verbal est transmis par l'ingénieur ordinaire à l'ingénieur en chef pour qu'il y soit donné telle suite que le droit.

</td>
<td>

ART. 50.

Intervention de l'ingénieur en chef.

Si, dans le cours de l'entreprise, des difficultés s'élèvent entre l'ingénieur ordinaire et l'entrepreneur, il en est référé à l'ingénieur en chef.

Dans les cas prévus par l'article 22, par le deuxième paragraphe de l'article 23 et par le deuxième paragraphe de l'article 27, si l'entrepreneur conteste les faits, l'ingénieur ordinaire dresse procès-verbal des circonstances de la contestation et le notifie à l'entrepreneur, qui doit présenter ses observations dans un délai de *dix jours*. Ce procès-verbal est transmis par l'ingénieur ordinaire à l'ingénieur en chef pour qu'il y soit donné telle suite que de droit.

</td>
<td>

ART. 50.

Intervention de l'ingénieur en chef.

Dans les cas prévus au deuxième paragraphe de cet article, il y a lieu le plus souvent de statuer d'urgence pour éviter un arrêt dans les travaux; il s'agit d'ailleurs d'observations sur des faits ayant été l'objet de contestations entre l'ingénieur et l'entrepreneur, et dont ce dernier a, par conséquent, complète connaissance au moment où il reçoit notification du procès-verbal de la contestation. Dans ces conditions, le délai actuel de trois jours paraît suffisant.

</td>
</tr>
<tr>
<td>

ART. 51.

Intervention de l'Administration.

En cas de contestation avec les ingénieurs, l'entrepreneur doit adresser u Préfet, pour être transmis avec avis des ingénieurs à l'Administration, un mémoire où il indique les notifs et le montant de ses réclamaions.

Si, dans le délai de trois mois à partir le la remise du mémoire au Préfet, 'Administration n'a pas fait connaître a réponse, l'entrepreneur peut, comme lans le cas où ses réclamations ne seraient pas admises, saisir desdites réclamations la juridiction contentieuse.

</td>
<td>

ART. 51.

Intervention de l'Administration.

Sans changement.

</td>
<td>

ART. 51.

Intervention de l'Administration.

"

</td>
</tr>
</table>

<table>
<tr><td>

TEXTE
proposé en 1897 par la Commission extra-parlementaire des marchés et adjudications de l'État.

—

Il n'est admis à porter devant cette juridiction que les griefs énoncés dans le mémoire remis au Préfet.

Si, dans le délai de six mois à dater de la notification de la décision ministérielle intervenue sur les réclamations auxquelles aura donné lieu le décompte général et définitif de l'entreprise, l'entrepreneur n'a pas porté ces réclamations devant le tribunal compétent, il sera considéré comme ayant adhéré à ladite décision, et toute réclamation se trouvera éteinte.

</td><td>

MODIFICATIONS
proposées par le syndicat professionnel des entrepreneurs de travaux publics de France.

—

</td><td>

OBSERVATIONS DE LA COMMISSION

—

</td></tr>
<tr><td>

ART. 52.

Jugement des contestations.

Conformément aux dispositions de la loi du 28 pluviôse an VIII, toute difficulté entre l'Administration et l'entrepreneur concernant le sens ou l'exécution des clauses du marché est portée devant le Conseil de préfecture qui statue, sauf recours au Conseil d'État.

</td><td>

ART. 52.

Jugement des contestations.

Conformément aux dispositions de la loi du 28 pluviôse an VIII, toute difficulté entre l'Administration et l'entrepreneur concernant le sens ou l'exécution des clauses du marché est portée devant le Conseil de préfecture qui statue, sauf recours au Conseil d'État, *à moins que les parties ne tombent d'accord pour recourir à l'arbitrage prévu et autorisé par la loi du 17 avril 1906.*

</td><td>

ART. 52.

Jugement des contestations.

L'addition ne paraît soulever aucune objection.

</td></tr>
<tr><td>

TITRE VI.

CLAUSES DIVERSES.

—

ART. 53.

Saisies-arrêts, oppositions.

Dans le cas de saisies-arrêts ou oppositions sur les sommes ordonnancées ou mandatées, ces sommes sont versées à la Caisse des dépôts et consignations.

</td><td>

TITRE VI.

CLAUSES DIVERSES.

—

ART. 53.

Saisies-arrêts, oppositions.

Dans le cas de saisies-arrêts ou oppositions *régulières* sur les sommes ordonnancées, ces sommes sont versées à la Caisse des dépôts et consignations *à concurrence du montant desdites saisies-arrêts ou oppositions. La différence est versée à l'entrepreneur.*

</td><td>

TITRE VI.

CLAUSES DIVERSES.

—

ART. 53.

Saisies-arrêts, oppositions.

Même observation.

</td></tr>
</table>

<table>
<tr><td>

TEXTE

proposé en 1897 par la Commission extra-parlementaire des marchés et adjudications de l'État.

</td><td>

MODIFICATIONS

proposées par le syndicat professionnel des entrepreneurs de travaux publics de France.

</td><td>

OBSERVATIONS DE LA COMMISSION.

</td></tr>
<tr><td></td><td>

ART. 54.

Dérogations.

Aucune dérogation aux prescriptions du présent cahier des clauses et conditions générales réglant l'exécution des travaux publics ne pourra être introduite dans les devis ou pièces du dossier d'adjudication.

</td><td>

ART. 54.

Dérogations.

Il s'agit d'une disposition de principe à insérer dans une circulaire ministérielle et non dans le cahier des clauses et conditions générales.

Quant au fond, la Commission se réfère aux observations présentées plus haut (II, § 1, page 50).

</td></tr>
</table>

Aux modifications proposées ci-dessus devront être ajoutées toutes celles nécessaires pour mettre le cahier des clauses et conditions générales en harmonie avec la réglementation du travail, qui est postérieure à la clôture des travaux de la Commission de 1895.

La Commission estime que le cahier des clauses et conditions générales ainsi revisé et complété devrait être appliqué à tous les marchés de travaux de l'Administration des Ponts et Chaussées et du Service de l'Hydraulique agricole.

Il serait désirable qu'il fût également mis en vigueur pour les marchés passés par les Services de travaux de la Guerre, de la Marine, de l'Intérieur, des Manufactures de l'État, des Beaux-Arts et des Colonies, après avoir subi les modifications, généralement peu importantes, que comportent l'organisation de ces services, et la nature spéciale des ouvrages qu'ils ont à faire exécuter.

III. — AUGMENTATION DU PRIX DE LA MAIN-D'ŒUVRE.

L'augmentation du prix de la main-d'œuvre, qui a une influence capitale sur le prix des travaux, est attribuée par les intéressés à quatre causes que la Commission a étudiées successivement :

La cherté de la vie ;

Les charges résultant de la réglementation du travail ;

Celles résultant de la législation sur les accidents ;

Enfin, la diminution volontaire du rendement de la main-d'œuvre.

§ 1er. — Cherté de la vie.

Les deux éléments de dépenses les plus importants pour un ménage ouvrier sont la nourriture et le logement.

Pour la nourriture, on a vu plus haut (variations des prix des matières d'alimentation, première partie, II, § 2), que les prix, après s'être élevés progressivement jusque vers l'année 1880, ont diminué depuis cette époque et qu'ils sont actuellement descendus à un niveau peu différent de celui qu'ils atteignaient il y a une trentaine d'années (1). — Quant au prix des logements, il a constamment progressé.

Admettant qu'un ménage ouvrier, comprenant quatre personnes, habitant Paris, consomme toujours la même quantité de denrées, que le prix de ces denrées soit celui que paye l'Hôtel-Dieu par voie d'adjudication, et que le

---

(1) Les tableaux ci-dessous, extraits des annuaires statistiques de la Ville de Paris, montrent que pour la viande et le poisson il y a eu, depuis une quinzaine d'années, des fluctuations assez sensibles dans les prix; mais, dans leur ensemble, ils n'ont pas augmenté.

ANNÉES.	PRIX MOYENS DANS LES ÉCHAUDOIRS AUX ABATTOIRS DE LA VILLETTE.				PRIX AUX HALLES CENTRALES. BŒUF (3ᵉ CATÉGORIE) (le kilogr.).		
	Bœuf (le kilogr.).	Veau (le kilogr.).	Mouton (le kilogr.).	Porc (le kilogr.).	Maximum.	Minimum.	Moyen.
1893	1ᶠ28ᶜ	1ᶠ52ᶜ	1ᶠ40ᶜ	1ᶠ36ᶜ	1ᶠ13ᶜ	0ᶠ44ᶜ	0ᶠ79ᶜ
1894	1 50	1 82	1 68	1 72	1 38	0 05	1 01
1895	1 42	1 76	1 72	1 52	1 28	0 62	0 95
1896	1 42	1 81	1 71	1 20	1 19	0 55	0 87
1897	1 38	1 71	1 68	1 29	1 07	0 58	0 82
1898	1 36	1 70	1 64	1 40	0 85	0 52	0 68
1899	1 29	1 63	1 62	1 61	0 87	0 53	0 70
1900	1 10	1 45	1 43	1 54	0 84	0 45	0 64
1901	1 16	1 55	1 49	1 51	0 91	0 50	0 70
1902	1 12	1 58	1 51	1 55	0 86	0 48	0 67
1903	1 17	1 51	1 58	1 47	1 05	0 69	0 87
1904	1 23	1 61	1 63	1 37	1 09	0 69	0 89
1905	1 21	1 55	1 58	1 51	1 06	0 60	0 93
1906	1 13	1 58	1 48	1 04	0 98	0 47	0 72
1907	"	"	"	"	"	"	"

Prix du poisson aux Halles centrales.

ANNÉES.	CABILLAUDS (LE KILOGRAMME).			CONGRES (LE KILOGRAMME).			GRONDINS (LE KILOGRAMME).		
	Maximum.	Minimum.	Moyen.	Maximum.	Minimum.	Moyen.	Maximum.	Minimum.	Moyen.
1893	0ᶠ86ᶜ	0ᶠ54ᶜ	0ᶠ70ᶜ	0ᶠ98ᶜ	0ᶠ70ᶜ	0ᶠ84ᶜ	0ᶠ85ᶜ	0ᶠ62ᶜ	0ᶠ73ᶜ
1894	0 97	0 53	0 75	0 99	0 73	0 86	0 93	0 67	0 80
1895	1 03	0 64	0 83	1 03	0 76	0 89	0 98	0 65	0 81
1896	0 92	0 57	0 74	0 88	0 63	0 75	0 91	0 67	0 79
1897	1 16	0 53	0 84	0 95	0 58	0 76	0 98	0 61	0 79
1898	0 60	0 33	0 46	0 79	0 46	0 62	1 01	0 56	0 78
1899	0 54	0 34	0 44	0 93	0 59	0 76	0 93	0 57	0 75
1900	0 71	0 43	0 57	1 06	0 62	0 84	0 96	0 61	0 78
1901	0 56	0 32	0 44	0 97	0 51	0 74	0 89	0 49	0 69
1902	0 51	0 28	0 39	0 81	0 35	0 58	0 83	0 44	0 63
1903	0 58	0 27	0 42	0 85	0 38	0 61	0 81	0 37	0 52
1904	0 63	0 28	0 45	0 71	0 30	0 50	0 86	0 43	0 64
1905	0 59	0 28	0 43	0 78	0 35	0 56	0 80	0 48	0 64
1906	0 62	0 30	0 46	0 74	0 54	0 54	0 97	0 41	0 69
1907									

prix des loyers, qui a à peu près triplé de 1844 à 1894, ait suivi une progression régulière, l'Office du Travail a dressé le tableau ci-dessous :

TABLEAU N° 25.

ANNÉES.	NOUR-RITURE.	LOGE-MENT.	EN-SEMBLE.	ANNÉES.	NOUR-RITURE.	LOGE-MENT.	EN-SEMBLE.
	francs.	francs.	francs.		francs.	francs.	francs.
1804-1813.	884	80	964	1854-1863.	1,052	170	1,222
1814-1823.	942	90	1,032	1864-1873.	1,075	220	1,295
1824-1833.	979	110	1,089	1874-1883.	1,093	270	1,363
1834-1843.	950	110	1,060	1884-1893.	983	320	1,313
1844-1853.	931	120	1,051	1894-1903.	910	350	1,260

On en déduit par le tracé d'une courbe les nombres proportionnels :

1806	77
1810	78.5
1820	83
1830	85
1840	84.5
1850	86.5
1860	97.5
1870	105
1880	107
1890	104.5
1900	100

L'Office du Travail a comparé cette courbe à la courbe moyenne des salaires des ouvriers des mines de houille, des ouvriers compris dans les enquêtes de 1840-1845, 1860-1865, 1891-1893, des ouvriers de petite industrie dans les chefs-lieux de départements et des salaires inscrits dans les séries de prix des ouvriers du bâtiment à Paris.

Les nombres proportionnels déduits de cette dernière courbe sont :

1806	46.5
1810	47
1820	48.5
1830	50
1840	52
1850	56.5
1860	64.5
1870	76
1880	92.5
1890	98
1900	10
1905	104

Si l'on essaie de superposer les deux courbes en leur donnant le même point de départ, ce qui revient à admettre qu'en 1806 le salaire correspondait exactement au coût de la vie (nourriture et logement), on voit qu'elles s'écartent de plus en plus depuis une quarantaine d'années, c'est-à-dire que la marge entre les salaires et les *dépenses nécessaires* à la vie, marge qui constitue une mesure du « bien-être », a été en croissant. On arriverait à un écart plus grand encore si l'on tenait compte des autres éléments de dépenses qui interviennent dans le budget du ménage ouvrier, tels que les vêtements, les transports, dont les prix ont subi une baisse très notable (1).

Un pareil résultat semble au premier abord en contradiction avec l'idée, très généralement répandue, que le prix de la vie a subi une augmentation à laquelle doit tout naturellement correspondre une augmentation des salaires. Cette idée répond cependant à la réalité des faits, et la contradiction apparente s'explique ainsi : un ouvrier est obligé de dépenser aujourd'hui pour faire face à ses besoins, notamment à sa nourriture et à son vêtement, une somme bien supérieure à celle qui suffisait il y a quarante ans pour atteindre le même but. Ce ne sont pas les prix des objets nécessaires pour assurer son existence, ce sont ses besoins qui ont augmenté.

§ 2. — Réglementation du travail.

La réglementation du travail a donné lieu à de nombreuses observations portant sur l'application des décrets du 10 août 1899 et de la loi du 30 mars 1900.

1° Décrets du 10 août 1899.

a) *Salaire minimum.* — Le Syndicat professionnel des entrepreneurs de travaux publics a fait remarquer que l'obligation, imposée par les décrets du 10 août 1899, de payer aux ouvriers de chaque catégorie un salaire minimum égal au salaire normal couramment appliqué dans la région et spécifié dans un bordereau annexé aux cahiers des charges des entreprises, empêche l'entrepreneur de trouver, en temps de ralentissement de l'industrie, une compensation aux salaires élevés qu'il doit consentir en temps d'activité, et même en tous temps, aux ouvriers habiles, ces ouvriers ne voulant pas être traités comme les médiocres et même les incapables qui ont droit au salaire normal.

---

(1) L'un des membres de la Commission est arrivé à des constatations analogues en étudiant le budget d'un ménage d'ouvriers des manufactures de l'État, ayant deux enfants, à Châteauroux, en 1890 et en 1904. La dépense annuelle de nourriture a paru en légère décroissance en admettant une consommation constante; le loyer avait augmenté de 14 p. 100 environ.

L'Alliance syndicale du Commerce et de l'Industrie considère l'obligation dont il s'agit comme l'une des causes d'abstention de certains industriels aux adjudications ; ils craignent qu'après avoir relevé le taux des salaires dans leurs ateliers pendant l'exécution de la commande de l'État, ils soient dans l'impossibilité de revenir au taux antérieur, une fois la commande achevée.

De son côté, l'Union des industries métallurgiques explique que le droit au salaire normal, tel qu'il est institué par les décrets de 1899, a pour conséquence une augmentation du taux des salaires ; le salaire normal étant déterminé par la moyenne entre les différents salaires des ouvriers de la même catégorie, tous les salaires inférieurs à la moyenne doivent être immédiatement relevés par le soumissionnaire de travaux exécutés pour l'État, sans que les salaires supérieurs puissent être réduits.

De là une cause évidente d'augmentation du prix des ouvrages.

L'Union en signale une autre, qui serait également une conséquence de l'obligation de payer un salaire minimum. Quand ce salaire, tel qu'il est fixé par le bordereau, est supérieur au prix couramment payé dans l'usine qui a soumissionné des fournitures pour l'État, les ouvriers ont intérêt à ce que l'exécution de la commande dure le plus longtemps possible et le rendement de la main-d'œuvre diminue.

Ces observations, dont on ne saurait méconnaître l'importance, touchent au principe même des dispositions des décrets de 1899. Le Gouvernement, en élaborant ces dispositions, ne pouvait ignorer qu'à tout avantage assuré aux ouvriers employés à ses travaux correspondrait une charge pour l'entrepreneur et, par conséquent, une majoration dans les prix. Sans doute a-t-il considéré que les sacrifices qui en résulteraient pour le Trésor ne seraient pas hors de proportion avec l'amélioration à en attendre pour le sort de l'ouvrier, dont il se préoccupe à juste titre.

La Commission a estimé d'ailleurs, qu'on ne saurait songer aujourd'hui à remettre en question le principe de l'attribution d'un salaire minimum aux ouvriers travaillant pour l'État et elle a cru devoir se borner à examiner les difficultés que soulève son application (1).

b) *Chantiers et ateliers auxquels le décret est applicable.* — L'Union des industries métallurgiques et minières se plaint de la tendance qu'aurait l'Administration à appliquer les dispositions du décret de 1899 relatif aux travaux de l'État en dehors des cas prévus par ce décret, c'est-à-dire en dehors « des chantiers et ateliers organisés ou fonctionnant en vue de l'exécution du marché ».

---

(1) M. Winston Churchill a déposé tout récemment (mars 1909) à la Chambre des Communes, un projet de loi ayant pour objet de fixer un minimum de salaires dans les industries où règne le « Sweating » ; ce projet comporte une intervention du Gouvernement autrement grave que celle qui est prévue par les décrets de 1899 en faveur des ouvriers employés à des travaux de l'État.

Elle donne un extrait d'une circulaire de M. le Sous-Secrétaire d'État à la Guerre en date du 21 janvier 1907 où il est dit notamment :

« L'application du décret est la règle ; la non-application, l'exception......
....

c'est-à-dire qu'en aucun cas, l'on ne devra envisager les conditions du travail prévues par le décret à la production des matières premières d'usage général : acier, fonte, cuivre, houille, etc., dont l'entrepreneur ou le fournisseur doit s'approvisionner pour l'exécution du marché. Mais l'observation des clauses y relatives doit être exigée des producteurs de toutes matières fabriquées spécialement par l'entrepreneur ou le fournisseur en vue de la commande dont il s'est chargé. »

L'Union cite ensuite, à titre d'exemple, divers cahiers des charges, dont un du 13 mai 1907, de la Direction des Forges, pour la fourniture d'essieux, de ressorts de suspension, serpes et bidons, imposant l'obligation d'appliquer les dispositions du décret du 10 août 1899.

En ce qui concerne le lot de ressorts, dit-elle, nous pouvons indiquer que la fabrication nécessite 22 opérations successives exécutées par des catégories différentes d'ouvriers. Dans un même établissement, toutes les catégories d'ouvriers travaillent généralement dans le même atelier et prennent, au fur et à mesure qu'ils sont libres, les pièces terminées par la catégorie précédente, sans s'occuper de savoir si ces pièces dépendent d'un lot ou d'un autre. L'importance du lot en question représentant à peine 4^t, on comprend que des usines qui peuvent exécuter à la fois 120^t de ressorts aient dû renoncer à soumissionner.

La Chambre syndicale des fabricants et constructeurs de matériel de guerre a prié M. le Sous-Secrétaire d'État de vouloir bien préciser, dans de nouvelles instructions, le champ d'application du décret de 1899, afin d'éviter à l'avenir une extension qui, dit-elle, est contraire à la fois au texte du décret, à l'intention de ses auteurs et aux intérêts de l'État[1].

---

[1] La question de savoir s'il y a lieu de restreindre ou d'étendre l'application des conditions du travail prévues par les décrets de 1899 a fait l'objet de longues discussions au cours de la session de novembre 1908 du Conseil supérieur du travail.

La Commission permanente avait soumis au Conseil la motion suivante :

« Considérant les mauvais résultats obtenus par l'application des décrets du 10 août 1899, la Commission permanente estime que c'est plutôt par des dispositions plus libérales que par de nouvelles réglementations qu'on peut espérer l'amélioration des adjudications au point de vue de l'intérêt public d'abord, et aussi du monde des travailleurs, ouvriers comme patrons. »

« Et par ces motifs, repousse les vœux présentés par M. Keufer. »

Cette motion a été rejetée par 28 voix contre 22, et par 26 voix contre 25 le Conseil supérieur a adopté le vœu qu'avait présenté M. Keufer, vice-président du Conseil, avec la rédaction définitive ci-après :

« Seuls pourront être adjudicataires des travaux de l'État, les soumissionnaires qui appliquent à l'ensemble de leur personnel les conditions de travail prévues dans les décrets et complétées suivant les instructions contenues dans les circulaires ministérielles. »

Il est inutile de faire remarquer que cette mesure irait absolument à l'encontre des desiderata ci-dessus exposés de l'Union des industries métallurgiques et minières.

Une instruction nouvelle, en préparation au Ministère de la Guerre (Titre VIII, chap. Iᵉʳ, art. 98 de l'Instruction relative aux marchés), paraît devoir donner satisfaction aux intéressés. On a inséré dans cette instruction les dispositions ci-après qui limitent les obligations des entrepreneurs, conformément à l'esprit des prescriptions du décret de 1899 :

« ... Cette application (du décret de 1899) sera d'ailleurs intégrale, c'est-à-dire que tous les ouvriers employés en bénéficieront, si le travail ou la fabrication dont il s'agit nécessite d'un bout à l'autre, un personnel spécialisé dans cette fabrication ; partielle, si certaines opérations, manutentions, nikelage, étamage, etc., s'effectuent en confondant les fabrications de l'État avec les fabrications courantes.... »

Les instructions de la Marine (Instruction relative à l'application du décret du 10 août 1899, du 27 novembre 1899 — 2°, § 0 intitulée : nature des marchés auxquels peuvent s'appliquer les prescriptions de ce décret), et celles du Département des Travaux publics (circulaire ministérielle du 30 septembre 1899, §§ relatifs aux chantiers et ateliers sur lesquels devront être appliquées les dispositions nouvelles) sont conçues dans des termes analogues, mais non pas identiques, à ceux de l'Instruction de la Guerre.

L'Administration des Postes et Télégraphes se borne à stipuler dans ses cahiers des charges relatifs à la fourniture du matériel que sont applicables aux travaux et fournitures résultant de l'adjudication, les dispositions du décret du 10 août 1899 concernant les conditions du travail dont les soumissionnaires sont tenus de prendre connaissance avant l'adjudication.

L'Administration des Beaux-Arts (Bâtiments civils et Palais nationaux) ne vise dans ses cahiers des charges (qui renferment les conditions du travail) que les travaux exécutés dans les chantiers de l'État.

Les différences que présentent au point de vue de la rédaction, les dispositions des clauses des marchés en usage dans les diverses administrations en ce qui concerne la définition des chantiers et ateliers auxquels s'appliquent les prescriptions du décret du 10 août, amènent nécessairement des divergences d'interprétation. La Commission a estimé qu'il y aurait intérêt à ce que les administrations s'entendissent pour adopter une rédaction unique, afin, sinon d'éviter, tout au moins de rendre plus rares, les difficultés qui peuvent s'élever entre les entrepreneurs et l'Administration. A cet effet, elle a confié à une Sous-Commission l'étude de la question d'interprétation de l'article 1ᵉʳ du décret de 1899 soulevée par les intéressés, et, après avoir délibéré sur ses propositions, elle a émis l'avis :

Que les dispositions de ce décret ne sont pas applicables aux établissements qui exécutent des ouvrages ou fabriquent des produits d'un emploi courant, susceptibles d'être livrés indifféremment soit à l'État, soit à d'autres clients ;

Et que ces établissements ne sont pas tenus d'affecter aux commandes de l'État des ateliers spéciaux ;

Qu'elles sont au contraire applicables aux établissements qui travaillent exclusivement ou presque exclusivement pour l'État,

Ainsi qu'aux établissements qui travaillent simultanément pour l'État et pour d'autres clients, si les commandes de l'État sont assez importantes pour qu'un personnel et un matériel spéciaux y soient affectés pendant un temps notable, auquel cas, c'est à ce personnel spécial que les dispositions du décret doivent être appliquées.

La Commission ne se dissimule pas, d'ailleurs, que quelle que soit la rédaction adoptée dans les instructions à intervenir, les Chefs de service pourront se trouver en présence de cas douteux. Il appartiendra au Ministre de trancher, par des décisions d'espèce, sauf les recours de droit, les difficultés dont il sera saisi.

c) *Bordereaux des salaires.* — L'application du décret du 10 août 1899 soulève des difficultés d'un autre ordre relatives au bordereau du taux normal et courant des salaires et de la durée normale et courante de la durée du travail.

Le syndicat des entrepreneurs de travaux publics se plaint de la diversité, souvent non justifiée, des taux des salaires et de la durée du travail portés aux bordereaux que dressent les diverses administrations dans une même région.

Plusieurs membres de la Commission ont expliqué, de leur côté, que l'Administration ignore souvent, avant l'adjudication de fournitures, dans quelles régions l'adjudicataire les fera exécuter et qu'il est dès lors impossible de dresser, pour être joints aux cahiers des charges, les bordereaux dont il s'agit; on ne saurait d'ailleurs songer à établir ces bordereaux après l'adjudication, attendu que l'obligation de se conformer aux dispositions qu'ils renferment constitue l'une des bases du marché dont l'entrepreneur tient compte, quand il arrête les conditions de sa soumission.

On s'est aussi plaint de ce que les commissions mixtes constituées par application de l'article 3 (§ 2°) du décret de 1899 pour établir les bordereaux, sortant de leur rôle qui consiste à constater les salaires normaux et courants, se croient souvent en droit de donner satisfaction aux revendications des ouvriers quant aux salaires.

Aux termes de l'article 3 du décret, « la constatation ou la vérification du taux normal et courant des salaires et de la durée normale et courante de la journée de travail sera faite par les soins de l'Administration qui devra : 1° se référer autant que possible aux accords entre les syndicats patronaux ou ouvriers de la localité ou de la région; 2° à défaut de cette entente, provoquer l'avis de Commissions mixtes composées en nombre égal de patrons et d'ouvriers, et en outre, se munir de tous renseignements utiles auprès des syndicats professionnels, Conseils de prud'hommes, ingénieurs, architectes départementaux et communaux et autres personnes compétentes ».

La Commission pense qu'on remédierait aux inconvénients signalés tant par

les entrepreneurs que par les représentants des Administrations, en constituant dans *chaque département* une Commission qui serait chargée d'établir et de reviser, lorsqu'il y aurait lieu, en se conformant aux dispositions du décret de 1899, les bordereaux des salaires et de la durée de la journée de travail pour toutes les catégories d'ouvriers pouvant être appelées à prendre part à l'exécution de marchés de travaux ou de fournitures pour l'État ou le Département (1). La Commission comprendrait des représentants de toutes les administrations ayant à passer des marchés; sa composition et son mode de fonctionnement seraient réglés par un arrêté interministériel.

Dans les instructions qui seraient adressées à ces Commissions, on spécifierait :

Que le salaire normal et courant dont elles ont à constater le taux est le salaire payé ordinairement au plus grand nombre des ouvriers d'une même spécialité de la profession considérée, ne présentant pas une capacité exceptionnelle;

Que, par suite, le salaire des ouvriers d'une capacité supérieure à la moyenne ne doit pas figurer au bordereau, non plus que celui des ouvriers d'aptitudes physiques restreintes auxquels s'appliquent les dispositions de l'article 3 du décret;

Et que les taux des salaires peuvent d'ailleurs être fixés, non seulement à l'heure ou à la journée, mais aussi aux pièces.

On appellerait leur attention sur la nécessité de dresser plusieurs bordereaux au cas où le taux des salaires et la durée du travail varieraient dans le département suivant les régions ou l'importance des agglomérations.

La Commission pense qu'il serait également utile de faire remarquer aux chefs de services qui ont à rédiger des projets de marchés ou à en surveiller l'exécution que, dans le cas de travaux ne pouvant être entrepris dans une région que par une seule usine spéciale, il y a impossibilité à dresser un bordereau dans les conditions prévues aux paragraphes 1° et 2° de l'article 3 du décret. Dans ce cas, les salaires normaux sont ceux payés par l'usine spéciale à ses ouvriers avant la passation du marché, et, pour assurer l'application du

---

(1) Dès 1901, les Instructions générales du Ministre du Commerce pour l'application des décrets de 1899 signalaient les difficultés pouvant résulter de ce que dans une même région, il y aurait désaccord entre les bordereaux des salaires normaux et de la durée normale de la journée de travail dressés par diverses Administrations pour des entreprises analogues. En vue de les éviter, « le Préfet pourrait », disait la circulaire ministérielle, « après entente avec les principales administrations intéressées, nommer une Commission administrative formée de leurs représentants. Pour chaque nature de travaux, une Commission mixte comprenant un nombre égal de patrons et d'ouvriers, le plus souvent composée de conseillers prud'hommes et de représentants des syndicats professionnels, serait nommée par lui pour donner son avis sur les cours réellement pratiqués. La Commission administrative établirait le bordereau définitif en tenant compte de toutes les prescriptions de l'article 3...... ».

Ces instructions n'ont reçu d'application que dans un petit nombre de départements. De nouvelles instructions, *concertées entre les Ministres intéressés*, ainsi qu'il est expliqué ci-dessus, paraissent nécessaires pour atteindre le but qu'a en vue la Commission.

paragraphe 3° de l'article 1er, l'Administration n'a d'autre moyen que de vérifier que ces salaires n'ont pas été réduits.

Il conviendrait enfin d'expliquer que par « ouvriers d'aptitudes physiques restreintes », on doit entendre, non seulement les ouvriers atteints d'infirmités, mais aussi les jeunes ouvriers qui n'ont pas encore, et les ouvriers âgés qui n'ont plus une capacité égale à celle du plus grand nombre des ouvriers de la profession. Sans doute est-ce surtout en vue de permettre le maintien des vieux ouvriers dans les ateliers et sur les chantiers des travaux de l'État que le décret de 1899 a prévu une dérogation à la règle du payement obligatoire d'un salaire au moins égal au salaire normal et courant.

d) *Payement des ouvriers.* — L'application des dispositions des décrets du 10 août 1899 relatives au payement des ouvriers, soulève également d'assez sérieuses difficultés.

L'article 4 porte que :

« Le cahier des charges stipulera que l'Administration, si elle constate une différence entre le salaire payé aux ouvriers et le salaire courant déterminé conformément à l'article précédent, indemnisera directement les ouvriers lésés au moyen de retenues opérées sur les sommes dues à l'entrepreneur et sur son cautionnement. »

Les diverses administrations n'ont pas appliqué de la même manière ces dispositions.

Le 30 septembre 1899, le Ministre des Travaux publics adressait aux préfets les instructions ci-après :

« Il n'appartient à l'Administration ni de mettre en jeu l'action publique, ni de se faire juge des différends particuliers qui peuvent naître entre les ouvriers et les entrepreneurs relativement à l'application des conditions du travail. Les ingénieurs n'ont donc pas à vérifier les livres de paye. Ils laisseront les ouvriers formuler eux-mêmes leurs réclamations et celles-ci seront jugées par les Conseils de prud'hommes et à défaut, par le Juge de paix. Ils n'interviendront, conformément aux conditions de l'article 15, § 5 du cahier des clauses et conditions générales, qu'autant qu'il aura été démontré d'une façon quelconque que, d'une manière générale, et non pour tel ou tel ouvrier en particulier, les salaires courants ne sont pas payés. Ils indemniseront alors les ouvriers lésés, opéreront la retenue et se laisseront attaquer par l'entrepreneur devant le Conseil de préfecture. Ils procéderont de même à l'égard des sommes que le Conseil des prud'hommes ou le Juge de paix auraient mises, dans les conditions qui précèdent, à la charge de l'entrepreneur et que celui-ci se refuserait à payer à ses ouvriers. »

Les instructions du Ministre de la Marine du 27 novembre 1899 sont analogues. Elles portent au paragraphe C : « ...... Non seulement on n'y trouve (dans le décret de 1899) l'indication d'aucun procédé de contrôle tel que le droit d'assister au payement des ouvriers, de vérifier les feuilles de paye ou de pointer les heures d'entrée et de sortie, mais l'intervention éventuelle de l'État, toujours provoquée par une réclamation de l'ouvrier lésé et sur un point particulier, cesse aussitôt que la question ainsi portée devant l'Administration a été, soit résolue immédiatement par ses soins, soit transmise à l'examen de qui de droit...... ».

Les clauses de certains cahiers des charges de la Ville de Paris sont conçues dans un esprit absolument opposé.

Elles stipulent notamment :

« Qu'un agent de l'Administration assistera à la paye des ouvriers, toutes les fois que l'ingénieur le jugera utile. Cet agent recevra, s'il y a lieu, leurs réclamations et les transmettra pour examen à l'Administration, — que l'entrepreneur devra, à toute réquisition, communiquer à l'ingénieur ou à son délégué les feuilles de paye des ouvriers indiquant, pour chacun d'eux, les heures de travail qui lui sont attribuées, ainsi que le salaire payé. »

Dans une circulaire adressée aux préfets le 12 juillet 1908, le Ministre du Travail leur signale un arrêt de la Cour de cassation qui reconnaît qu'aucun texte de loi ne prohibe, sous peine de nullité, une convention entre patron et ouvrier ayant pour objet le payement d'un salaire inférieur au salaire normal et que « le décret du 10 août 1899 se borne à organiser, dans son article 4, un système destiné à indemniser, s'il y a lieu, l'ouvrier qui se trouverait lésé ».

Le Ministre veut que l'ouvrier qui soumettra au Préfet une réclamation portant sur le non-payement du salaire normal ne soit plus contraint à la faire valoir préalablement devant les tribunaux.

Toutes les fois que le salarié aura touché un salaire inférieur au salaire fixé par le cahier des charges et que l'entrepreneur se refusera à lui payer la différence qui lui est due, le préfet devra payer ou faire payer au salarié cette différence au moyen de retenues opérées sur les sommes dues à l'entrepreneur et sur son cautionnement.

Le Ministre indique d'ailleurs, à titre de renseignement, les clauses ci-dessus reproduites de certains cahiers des charges de la Ville de Paris et termine en priant les préfets de porter ses instructions à la connaissance des municipalités et des établissements publics qui ont décidé d'appliquer les décrets du 10 août 1899.

Le syndicat professionnel se plaint de ce que les dispositions préconisées par la circulaire de M. le Ministre du Travail, aient pour effet d'aggraver celles des décrets de 1899. Il considère que la présence d'un agent de l'Administration au payement des ouvriers et l'obligation pour l'entrepreneur de lui communiquer ses feuilles de paye constituent une immixtion insupportable dans ses affaires intérieures.

La Commission pense que cette immixtion, qui est de nature à écarter certains entrepreneurs, doit être limitée au strict nécessaire pour assurer l'application du décret de 1899. Elle reconnaît que la présence d'un agent de l'Administration au payement des ouvriers peut être considérée par les entrepreneurs comme une mesure vexatoire, de nature à affaiblir leur autorité. Mais, étant donnée l'obligation inscrite dans le décret de payer directement la *différence constatée* entre le salaire reçu par les ouvriers et le salaire courant, plusieurs membres de la Commission estiment qu'il est nécessaire que l'Administration ait la possibilité de procéder à cette constatation toutes les fois qu'à la suite d'indications provenant, soit de réclamations directes des ouvriers, soit de toute autre source, elle a de sérieuses raisons de croire que l'entrepreneur n'a pas satisfait à ses obligations. Aussi ont-ils proposé d'insérer dans le cahier des clauses et conditions générales (art. 15) ou dans les cahiers des charges des marchés, une clause portant que *l'entrepreneur sera tenu de donner communication à l'Administration, sur sa demande, de tous les documents nécessaires pour vérifier que le salaire payé à ses ouvriers n'a pas été inférieur au salaire courant.*

D'autres membres ont fait remarquer que la communication de ces documents, et notamment des feuilles de paye, ne suffirait pas, le plus souvent, pour permettre à l'Administration d'indemniser directement les ouvriers insuffisamment payés, en leur remettant la différence entre le salaire normal et celui porté sur les feuilles. Le cas échéant, l'entrepreneur pourrait élever des contestations basées, soit sur ce que les ouvriers dont il s'agit sont « *d'aptitudes physiques restreintes* », soit sur ce que des réductions ont été faites sur leur salaire à la suite d'amendes ou en raison de circonstances quelconques. Ils estiment que, comme l'a prescrit le Ministre des Travaux publics dans la circulaire ci-dessus rappelée du 30 septembre 1899, l'Administration doit intervenir seulement s'il lui est démontré que, d'une manière générale, les salaires payés par l'entreprise sont inférieurs aux salaires courants, et s'abstenir, en cas de litige entre l'entrepreneur et les ouvriers, jusqu'à ce que la juridiction compétente ait prononcé.

A leur avis, il n'y a pas lieu d'insérer dans le cahier des clauses et conditions générales, en ce qui concerne le payement des ouvriers, des dispositions autres que celles du décret du 10 août 1899, et d'imposer aux entrepreneurs des obligations qui n'y figurent pas.

C'est à cette manière de voir que s'est ralliée la majorité de la Commission.

2° Limitation de la durée du travail des jeunes ouvriers.

Aux termes de l'article 3 de la loi du 2 novembre 1892, modifié par la loi du 30 mars 1900, les jeunes ouvriers jusqu'à l'âge de 18 ans ne peuvent être employés à un travail effectif de plus de dix heures par jour.

Le syndicat professionnel des entrepreneurs de travaux publics se plaint des difficultés que cause l'application de cette disposition aux « mousses » occupés sur les chantiers, notamment à ceux qui servent d'aides aux maçons. La présence de ces mousses, qui remplissent des offices auxquels ne veulent pas s'astreindre les ouvriers (qu'il faudrait d'ailleurs payer plus cher), entraîne pour l'entrepreneur l'obligation de ne pas dépasser pour le travail journalier une durée de dix heures, alors que les bordereaux annexés aux cahiers des charges autorisent une durée de 12 heures en certaines saisons.

« Cela crée, disent les entrepreneurs, une situation à peu près inextricable, les ouvriers demandant à travailler le temps prévu au devis et exigeant le renvoi des mousses dont cependant, d'autre part, ils sont les premiers à reconnaître la présence indispensable. »

Les entrepreneurs ajoutent que les dispositions réglementaires qu'ils critiquent ont encore l'inconvénient d'entraver l'apprentissage dans les travaux publics. Le mousse et le petit manœuvre sont les apprentis de la profession ; attendre l'âge de 18 ans pour les former, c'est tarir la source des bons ouvriers.

L'article 7 de la loi du 2 novembre 1892 permet à l'inspecteur divisionnaire de lever temporairement les restrictions relatives à la durée du travail pour les enfants âgés de moins de 18 ans employés dans certaines industries à déterminer par un règlement d'administration publique, et un décret du 4 juillet 1902 a admis les maçons et couvreurs travaillant en chantier à bénéficier de cette disposition. Aux termes d'une circulaire du Ministre du Commerce et de l'Industrie (Direction du Travail), en date du 3 août de la même année, les inspecteurs divisionnaires sont autorisés à fixer au maximum de 90 par an le nombre des jours pendant lesquels la durée du travail journalier peut être portée à 12 heures.

Le syndicat des entrepreneurs considère que cette tolérance de 90 jours est insuffisante pour des travaux de maçonnerie qui ne peuvent s'exécuter que dans la bonne saison ; les ouvriers saisonniers ont besoin de faire de longues journées en été et ils quittent les chantiers où les longues journées sont interdites, à moins qu'on ne leur paye un nombre d'heures supérieur à celui réellement fait.

Il faudrait, d'après le syndicat, avoir la faculté de dépasser dix heures pendant la moitié de l'année.

L'Union des industries métallurgiques et minières signale, de son côté, un autre inconvénient de la loi du 30 mars 1900, celui de rendre impossible, dans les ateliers mixtes, le travail supplémentaire pendant les périodes de presse, pour éviter les retards de livraison et les pénalités qu'ils entraînent. Les fournisseurs de l'État sont souvent obligés d'user d'expédients qui désorganisent leurs ateliers; les uns renvoient temporairement leurs apprentis, d'autres les isolent ou les changent de service.

La Commission fait remarquer que la loi dont il s'agit a pour objet la protection de la santé des jeunes ouvriers, et qu'une mesure humanitaire ne peut généralement être réalisée sans qu'il en coûte quelques sacrifices. Il ne semble d'ailleurs pas que, dans l'espèce, les sacrifices réclamés à l'industrie soient bien considérables.

Pour les entrepreneurs de maçonnerie, notamment, la tolérance de 90 jours qui leur est accordée correspond, en réalité, à quatre mois environ, si l'on tient compte des jours fériés et des interruptions de travail dues aux intempéries ou à toutes autres causes. Or la période de l'année pendant laquelle la durée du travail peut dépasser dix heures n'est guère que de six mois; la tolérance correspond aux deux tiers de cette période.

Il faut aussi considérer que, eu égard aux desiderata formulés par les syndicats ouvriers en ce qui concerne la réduction de la durée du travail journalier, on ne peut compter que, même pendant la belle saison, cette durée sera longtemps encore de plus de dix heures. La Chambre syndicale des entrepreneurs de maçonnerie de Paris et du département de la Seine, était la première à le reconnaître quand, au cours du lock-out de 1908, elle offrait aux ouvriers de reprendre le travail moyennant certaines conditions au nombre desquelles était la suivante :

« 3° La journée fixée à dix heures pendant les huit mois de la belle saison, à neuf heures en novembre et février, à huit heures en décembre et janvier. »

Selon toute probabilité, la limitation de la journée de travail à dix heures pour les jeunes ouvriers cessera, dans un avenir peu éloigné, d'avoir une répercussion sur l'organisation des chantiers ou ateliers. La Commission ne croit pas qu'il y ait des modifications à apporter de ce chef dans la réglementation en vigueur.

§ 3. — **Maladies et accidents du travail.**

Le Syndicat des entrepreneurs de travaux publics rappelle que, avant l'entrée en vigueur de la loi du 9 avril 1898 sur les accidents du travail, l'ouvrier victime d'un accident ou ayant contracté une maladie sur les chantiers était soigné et indemnisé aux frais de l'Administration. Pour les travaux de l'Administration des ponts et chaussées, l'entrepreneur subissait, conformément aux dispositions d'un arrêté ministériel du 15 décembre 1848, une retenue de 1 p. 100 sur le montant de l'entreprise; si les dépenses réelles étaient inférieures à la retenue, l'Administration remboursait la différence; si elles étaient supérieures, l'Administration conservait l'excédent à sa charge. D'autre part, il était d'usage constant, accepté par l'ouvrier, qu'une retenue de 2 p. 100

fût prélevée sur son salaire pour le service médical, qui ne coûtait ainsi que fort peu de chose à l'entrepreneur (1).

Un arrêté ministériel du 28 septembre 1899 a fait disparaître la retenue de 1 p. 100, laissant exclusivement à la charge de l'entrepreneur tous les frais du service sanitaire ainsi que ceux résultant de la loi de 1898 sur les accidents; toute retenue sur les salaires se trouve d'ailleurs interdite. De là résulte pour les entreprises une augmentation de dépenses considérables.

Le Syndicat se plaint des abus auxquels donne lieu l'application du nouveau régime. Il signale l'élévation toujours croissante du montant des primes d'assurances contre les risques de la loi de 1898. Ces primes varieraient de 6 à 15 p. 100 du montant des salaires, suivant la catégorie dans laquelle rentrent les travaux. A Paris notamment, les entrepreneurs du Métropolitain, qui n'ont pas de contrat de longue durée, ne trouveraient plus à s'assurer à aucun prix.

Dans une brochure intitulée *« Huit années d'application de la loi sur les accidents du travail »* à laquelle la délégation de la Fédération du bâtiment et des travaux publics s'est référée dans sa déposition, M. Villemin, président du Syndicat général de garantie du bâtiment et des travaux publics, attribue cette situation à deux causes :

Les *dispositions défectueuses* de la loi de 1898, aggravées par celles de la loi du 31 mars 1905, qui ont donné lieu à d'innombrables abus : simulation des accidents et prolongation injustifiée des chômages, exagération des honoraires médicaux et des frais judiciaires;

La *déformation de la loi* par la jurisprudence, source d'abus non moins criants, tels que l'octroi d'indemnités pour incapacité permanente à des blessés dont la très légère impotence fonctionnelle n'a entraîné aucune dépréciation professionnelle.

M. Villemin présente sur ces divers points les observations suivantes :

a) *Simulation des accidents et prolongation de la durée des chômages.*

Un ouvrier n'a qu'à se plaindre d'une douleur consécutive à une chute, à un effort, ou à un faux mouvement, pour pouvoir, grâce au témoignage d'un camarade complaisant, chômer en touchant son demi-salaire; l'industriel ou l'assureur qui lui est substitué ne peut contester ce prétendu accident qu'en s'exposant à des frais (enquête, jugement, signification) tels, qu'il est

---

(1) On admet généralement que, pour les travaux de l'Administration des ponts et chaussées, les dépenses de main-d'œuvre représentent environ la moitié des dépenses totales; une retenue de 2 p. 100 sur les salaires correspondait donc à la retenue de 1 p. 100 sur le montant total des travaux.

moins onéreux pour lui de payer les quelques jours de chômage indûment réclamés.

Quant à la durée du chômage, l'article 3 de la loi de 1898, modifié par celle du 31 mars 1905, donne à l'ouvrier le droit au demi-salaire pendant les quatre premiers jours, *si l'incapacité de travail a duré plus de dix jours.* Arrivé au huitième jour, l'ouvrier n'a aucun intérêt à reprendre son travail; il a, au contraire, tout avantage à attendre deux jours de plus, qui seront deux jours de congé payés.

L'assureur recule devant l'expertise onéreuse, et vraisemblablement inefficace, à laquelle il faudrait recourir pour faire fixer par le tribunal de paix la date de la guérison.

L'impossibilité pour les industriels et les assureurs de se défendre contre la simulation de petits accidents et contre la prolongation abusive des chômages serait, d'après M. Villemin, un des résultats pratiques les plus désastreux de la loi de 1898, surtout depuis que la loi du 31 mars 1905 a fait partir le payement de l'indemnité journalière du premier jour quand l'incapacité a duré plus de dix jours.

Il cite, à l'appui de cette assertion, divers chiffres qui accusent une progression considérable tant du nombre proportionnel des incapacités temporaires que de leur durée moyenne.

Au Syndicat général de garantie du bâtiment et des travaux publics, de 1899 à 1906, le nombre des incapacités temporaires *par million de francs de salaires* assurés, a passé de 74.6 à 145.4 et la dépense correspondante de 5,034 francs à 11,073 fr. 50.

Leur durée moyenne a été la suivante :

1899	17ʲ 02
1900	17 06
1901	19 09
1902	20 03
1903	20 07
1904	20 97
1905	22 70
1906	23 00

soit une augmentation de plus de 35 p. 100 en sept années.

La proportion du nombre des accidents de 5 à 10 jours par rapport au nombre total des accidents, qui était de 24.71 p. 100 en 1901, est descendu à 18.05 p. 100 en 1905 et à 16.62 p. 100 en 1906; — les blessés ayant, dit M. Villemin, une tendance de plus en plus accusée à prolonger indûment de quelques jours le chômage.

On constate des résultats analogues dans les autres associations. Ainsi, pour la Mutualité industrielle, la proportion des ouvriers blessés par rapport aux ouvriers assurés a passé de 8.03 en 1904 et 9.61 en 1905 à 12.03 p. 100

en 1906, et la valeur des indemnités, par rapport au montant des cotisations, de 56.02 en 1904 à 64.10 en 1905 et à 72.34 en 1906.

M. Villemin n'indique pas le remède à apporter à la situation; il se borne à citer un extrait d'un rapport d'un inspecteur du travail (*Journal officiel* du 6 février 1907) qui conclut que, à défaut du retour aux dispositions primitives de la loi du 9 avril 1898, il conviendrait d'accorder aux blessés, sans conditions, le payement de l'indemnité dès le jour de l'accident.

La progression considérable, depuis la mise en vigueur de la loi du 31 mars 1905, du nombre total des accidents déclarés et du nombre des incapacités temporaires par mille ouvriers employés ne laisse aucun doute sur l'influence de cette loi.

Elle ressort nettement des chiffres ci-dessous, recueillis par l'Office du Travail.

Nombre d'accidents déclarés pour l'ensemble des professions :

1901 (1)......................................	229,162
1902..	223,286
1903..	212,753
1904..	222,124
1905..	259,882
1906..	306,860
1907..	359,747
1908..	354,027

TABLEAU N° 26.

RÉPARTITION DES ACCIDENTS POUR L'ENSEMBLE DES PROFESSIONS.

(Pour mille ouvriers.)

SUITES DES ACCIDENTS.	ANNÉES			
	1904.	1906.	1907.	1908.
Mort......................	0.22 (100)	0.23 (104)	0.27 (123)	(.)
Incapacité permanente........	0.84 (100)	0.88 (105)	0.92 (110)	( )
Incapacité temporaire.........	0.47 (100)	64.1 (136)	69.4 (145)	( )

Cette progression a fait l'objet des délibérations d'un grand nombre de Chambres de commerce qui ont étudié diverses solutions en vue d'y remédier,

---

(1) Déduction faite des accidents ayant donné lieu à une incapacité de travail de quatre jours et moins, la loi du 9 avril 1898 (avant la modification de l'article 3 par celle du 31 mars 1905) n'accordant en aucun cas le demi-salaire pendant les quatre premiers jours.

notamment le retour aux dispositions de la loi de 1898, la fixation à 20 jours au lieu de 10 de la durée de l'incapacité donnant droit à l'indemnité de demi-salaire pour les quatre premiers jours, l'allocation à l'ouvrier blessé, dès le lendemain de l'accident, de l'indemnité de demi-salaire, quelle que soit la durée de l'incapacité.

Cette dernière solution a réuni le plus d'adhésions, et elle a été adoptée le 9 novembre dernier par l'Assemblée des présidents des Chambres de commerce de France qui a émis le vœu :

« Que l'indemnité de demi-salaire soit allouée à la victime dès le jour qui suivra l'accident, quelle que soit la durée de l'incapacité. . . . . . »

Il en est ainsi dès à présent dans les entreprises dépendant de l'Administration des ponts et chaussées; le 3ᵉ paragraphe de l'article 16 du cahier des clauses et conditions générales porte en effet :

« Les frais de maladie et le demi-salaire seront dus, dans tous les cas, à partir du premier jour de l'interruption obligatoire du travail et alors même que cette interruption n'aurait duré qu'un jour. »

La Commission estime qu'une mesure analogue devrait être adoptée par les autres Administrations, en attendant que la législation ait été modifiée dans le sens indiqué par l'Assemblée des présidents des Chambres de commerce.

b) *Abus de frais médicaux et pharmaceutiques.*

M. Villemin explique que les industriels sont exploités par des médecins peu scrupuleux, jeunes pour la plupart, qui, avant la loi de 1898, n'avaient aucune clientèle, et sont parvenus à s'en constituer une en faisant raccoler les blessés du travail aux portes des chantiers et des usines, des mairies, des justices de paix, des sociétés d'assurances, avec la promesse de leur faire obtenir une indemnité dans tous les cas. Ces spécialistes accordent avec la plus grande facilité des certificats d'incapacité permanente et, plus préoccupés de la confection des notes d'honoraires que du traitement des malades, ils retardent le plus possible la guérison ou la consolidation de la blessure afin de multiplier les visites, les pansements, les massages. Ils vont même jusqu'à enseigner la simulation.

M. Villemin ajoute que les entrepreneurs sont absolument désarmés contre cette exploitation scandaleuse. L'abus réside surtout dans les notes d'honoraires d'une centaine de francs pour les plus infimes traumatismes; car elles se multiplient par milliers, et une expertise, qui aurait d'ailleurs peu de chances de donner des résultats probants, plusieurs semaines après la guérison, entraînerait des frais qui dépasseraient souvent le montant de la note réclamée.

Aux abus de visites, de pansements, viennent s'ajouter les abus de produits pharmaceutiques et finalement la progression des frais médicaux s'accentue d'année en année.

D'après la statistique du Syndicat général de garantie, ils auraient passé de 1,785 francs en 1900 à 6,649 francs en 1906 (1) par million de francs de salaires assurés, ce qui correspond à une augmentation de 283 p. 100.

M. Villemin ajoute que de tels chiffres attestent, mieux que ne le feraient les plus longs commentaires, les déplorables résultats de l'article 4 de la loi de 1898 qui garantit à l'ouvrier blessé le libre choix de son médecin, sans donner à l'industriel la possibilité de se défendre contre l'exploitation des médecins sans conscience.

Sans méconnaître que le choix du médecin par l'ouvrier blessé puisse donner lieu à des abus, la Commission fait remarquer que l'industriel n'est pas aussi désarmé qu'il semblerait résulter des observations qui précèdent. L'article 4 de la loi de 1898 donne, en effet, accès hebdomadaire auprès de la victime au médecin du chef d'entreprise, en présence du médecin traitant prévenu deux jours à l'avance par lettre recommandée ; le chef d'entreprise peut donc exercer un contrôle.

La Commission considère d'ailleurs que, si le médecin choisi par l'ouvrier est accusé par l'industriel de prolonger abusivement la durée du traitement, le médecin dont le choix appartiendrait à l'assureur serait accusé vraisemblablement de donner aux ouvriers des soins insuffisants et de les obliger à reprendre leur travail avant d'être complètement guéris ; les inconvénients résultant de cette solution seraient d'un autre ordre, mais ne seraient pas moindres que ceux dont le Syndicat des entrepreneurs se plaint actuellement.

Quant à la désignation du médecin par l'Administration, elle conduirait à la création d'une nouvelle catégorie de fonctionnaires et à la mise à la charge de l'État d'un nouveau service public d'une extrême complication, ce qui ne

---

(1) L'Union des industries métallurgiques et minières, qui présente dans son mémoire des observations analogues à celles de M. Villemin, donne, pour les frais médicaux et pharmaceutiques, les chiffres suivants par *million de salaires* assurés à la Caisse syndicale d'assurance mutuelle des Forges de France. Elle fait d'ailleurs remarquer qu'un million de francs de salaires représente en 1907 un travail moindre qu'en 1901.

1899	1,189 francs.
1900	2,287 —
1901	2,691 —
1902	2,807 —
1903	2,855 —
1904	3,223 —
1905	3,438 —
1906	3,870 —
1907	5,100 —

Augmentation de 89 p. 100 de 1901 à 1907.

manquerait pas de soulever les plus légitimes et les plus graves objections. Et alors même que les difficultés d'ordre financier qu'entraînerait cette solution pourraient être levées, notamment en recourant au fonds spécial de garantie prévu par l'article 25 de la loi de 1898, arriverait-on à un recrutement offrant toutes garanties, malgré le peu d'avantages qui pourraient être offerts à des médecins capables, déjà « arrivés », ou ayant de l'avenir; n'aurait-on pas à craindre encore bien des abus et bien des réclamations, tant de la part des patrons qui se plaindraient de la durée excessive des chômages, si les médecins étaient payés d'après le nombre des visites ou des pansements, que des ouvriers qui auraient à souffrir de l'insuffisance des soins donnés aux malades, si les médecins recevaient un traitement fixe annuel pour le service de leur circonscription ?

La question est, en somme, fort délicate et on n'aperçoit pas de solution à l'abri de toute critique.

Les Chambres de commerce s'en sont également préoccupées, et à la suite d'une longue discussion, au cours de laquelle les solutions les plus diverses ont été examinées, l'Assemblée des présidents, réunie le 9 novembre 1908, a émis le vœu :

« 1° Que le libre choix du médecin soit limité à la catégorie des accidents graves;

« 2° Que, dans tous les cas, le chef d'entreprise ou de la Compagnie d'assurances soit autorisé à faire examiner le blessé par son médecin à la cessation du travail, sans les formalités de visa et d'avis préalable et à répéter ces visites aussi souvent qu'il le jugera utile. Dans le cas où la victime se refuserait à l'examen, elle perdrait tout droit à l'indemnité. »

La Commission ne saurait s'associer à la première partie de ce vœu, en raison notamment de ce qu'il lui paraît impossible de délimiter les accidents graves et les accidents légers. On voit en effet assez fréquemment les blessures légères donner lieu à des complications sérieuses, et il arrive même que la mort survienne à la suite d'un accident qui semblait, au début, ne devoir comporter aucune conséquence grave.

Mais elle estime, comme l'Assemblée des Chambres de commerce, qu'il serait utile de donner plus de facilités pour l'accès du médecin de l'entrepreneur ou de la Compagnie d'assurances auprès de la victime. Il n'est pas à craindre qu'il en soit fait abus, car, dans la pratique, on ne fera procéder à des contre-visites, qui entraîneront un surcroît de dépenses pour l'entrepreneur, qu'au cas où le médecin de l'ouvrier serait sujet à caution et où, par conséquent, la mesure serait bien justifiée.

En ce qui concerne les frais médicaux et pharmaceutiques, l'Assemblée des présidents voudrait que, en vue de couper court aux abus, on adoptât, comme en Belgique (1), des tarifs *forfaitaires* qui remplaceraient les tarifs fixés par l'arrêté ministériel du 3o septembre 1905, et elle a formulé un vœu à ce sujet dans les termes suivants :

« Qu'il soit établi un tarif forfaitaire correspondant à une classification des divers accidents, avec minimum de visites et de pansements pour chaque article de la classification. »

La Commission craint que l'établissement d'un pareil tarif n'ait pour conséquence une insuffisance de soins pour l'ouvrier. Les médecins assez peu consciencieux pour exagérer le nombre des visites et des pansements avec le mode de payement actuel ne seront-ils pas tentés de réduire ce nombre au détriment du malade, le jour où leurs honoraires seront réglés à forfait? D'ailleurs, le contrôle du médecin de l'entreprise devra, s'il est exercé plus librement, constituer une sérieuse garantie contre les abus. Le mode de tarification en vigueur paraît donc devoir être maintenu.

c) *Abus de frais judiciaires.*

M. Villemin se plaint de ce qu'il est procédé à des enquêtes en justice de paix, par application de l'article 12 de la loi de 1898, alors que rien dans la déclaration d'accident, ni dans le certificat médical ne fait prévoir la moindre incapacité permanente. Il signale aussi les abus commis pour les expéditions des pièces de procédure, les agissements d'avoués qui empêchent toute conciliation, font des déplacements inutiles, et présentent des notes de frais taxés comme en matière ordinaire, alors que la loi spécifie qu'ils doivent l'être comme en matière sommaire. Sans doute pourrait-on s'opposer à ces exagérations, mais les frais des procès à intenter à cet effet seraient bien supérieurs à la réduction à obtenir.

L'article 22 de la loi de 1898 (modifié par la loi du 22 mars 1902), qui accorde de plein droit le bénéfice de l'assistance judiciaire, sur le visa du procureur de la République, à la victime ou à ses ayants droit, devant le président du Tribunal civil, devant le tribunal et à l'acte d'appel, serait une source d'abus plus graves encore.

Grâce à cette prescription, dit M. Villemin, les industriels et les assureurs ont à subir d'innombrables procès qui ne reposent sur aucun fondement et sont de véritables procès de chantage.

De là résulte que les frais judiciaires comprenant les frais d'expertises médicales ont suivi une progression aussi rapide que les frais médicaux; les statistiques du syndicat de garantie font ressortir une augmentation de 283 p. 100

---

(1) Le tarif belge, établi par l'ordonnance royale du 3o août 1904, contient une classification et une énumération détaillée des divers accidents qu'il est possible de prévoir.

depuis 1900 (874 fr. 82 par million de salaires assurés en 1900, 2,792 fr. 50 en 1906)(1).

En ce qui concerne les abus commis par certains officiers ministériels dans l'exercice de leurs fonctions, la Commission considère, que, ainsi que M. Villemin l'a fait lui-même remarquer, ils peuvent être portés devant les tribunaux. Les procès que les intéressés intenteraient dans ce but ne seraient pas sans profit, alors même que les frais exposés dépasseraient l'objet du litige, attendu que les jugements intervenus seraient pour les officiers ministériels coupables et pour leurs collègues, des avertissements dont ils tiendraient vraisemblablement compte dans l'avenir.

Quant à l'assistance judiciaire, M. Villemin n'indique pas le remède à apporter aux abus qu'il a signalés. L'Assemblée des présidents des Chambres de commerce croit l'avoir trouvé dans l'obligation pour le procureur de la République de procéder à une enquête avant de donner le visa prévu par la loi, et elle a émis le vœu que l'assistance judiciaire ne soit accordée qu'après une enquête faite par les soins du Parquet et sur un rapport écrit communiqué à l'autre partie, et que cette enquête soit renouvelée avant d'accorder l'assistance judiciaire pour les juridictions d'appel.

La Commission voit de sérieux inconvénients à instituer une procédure qui retardera la marche des affaires et ajoutera de nouvelles formalités à celles dont on se plaint actuellement. D'autre part, les dispositions proposées auraient en réalité pour effet de faire juger par le Parquet le bien-fondé des réclamations de l'ouvrier et de le placer ainsi, en ce qui concerne la possibilité d'obtenir l'assistance judiciaire, dans une situation moins favorable que celle résultant pour lui de l'application du droit commun (loi du 22 janvier 1851, modifiée par celle du 10 juillet 1901); aussi la Commission pense-t-elle qu'il n'y a pas lieu de modifier sur ce point la législation actuelle.

d) *Déformation de la loi par la jurisprudence.*

Aux termes de l'article 3 de la loi de 1898, l'ouvrier a droit pour l'incapa-

---

(1) L'Union des industries métallurgiques, qui se plaint des mêmes abus, donne pour la période 1899-1907 les chiffres ci-dessous résultant des comptes de la Caisse syndicale d'assurances mutuelles des forges de France.

1899	554 fr.
1900	1,060
1901	937
1902	904
1903	1,013
1904	1,061
1905	1,258
1906	1,390
1907	1,722

soit une augmentation en 83 p. o/o de 1907 par rapport à 1901.

cité partielle et permanente à une rente égale à la moitié de la réduction que l'accident aura fait subir au salaire.

M. Villemin comprend que les tribunaux ne soient pas tenus à une application littérale de cet article et qu'une indemnité soit due, par exemple, dans le cas de la perte d'un œil, alors même qu'il n'en serait résulté aucune réduction immédiate de salaire. Mais il s'élève contre la jurisprudence des tribunaux qui, de l'exception, ont fait la règle, en accordant chaque jour des rentes de 10, 15, 20, 25 francs correspondant à des impotences fonctionnelles constituant des « déchets » évalués à 2, 3, 4 et 5 p. o/o par les experts (perte de substance, raideur d'un doigt, amputation d'une phalange), qui ne doivent entraîner pour l'ouvrier, ni dans le présent, ni dans l'avenir, aucune dépréciation professionnelle.

Grâce à cette jurisprudence, dont les blessés sont de jour en jour mieux informés, le nombre des incapacités partielles permanentes progresse ; l'augmentation pour les ouvriers des entrepreneurs affiliés au Syndicat général de garantie a été, en 1906, de 252 p. 100 par rapport à 1900. Le déchet moyen, qui était de 20 p. 100 en 1900 et 1901, est descendu à 18,2 en 1902, à 14,6 en 1904 et à 12,2 en 1906. Les ouvriers ne veulent d'ailleurs reprendre leur travail qu'après avoir touché un capital de quelques centaines de francs que consentent à leur donner les assureurs, par voie de transaction, pour éviter les frais considérables d'un procès.

M. Villemin voit dans la jurisprudence une véritable déformation de la loi, et il regrette que les tribunaux français n'adoptent pas la manière de voir de l'Office impérial allemand des assurances qui, pour couper court aux abus qui s'étaient produits, supprime radicalement la rente des ouvriers ayant, par l'accommodation, recouvré toute leur capacité de travail [1].

La Commission ne croit pas devoir s'associer à ce regret. Ainsi que le reconnaît lui-même M. Villemin, il serait dans certains cas, absolument contraire à l'équité de ne pas réparer le préjudice causé par un accident à un ouvrier, par la raison qu'il n'aurait subi aucune réduction de salaire. Au nombre de ces cas, il faut compter, non seulement celui d'un accident grave, comme la perte d'un œil citée par M. Villemin, mais encore celui d'un accident tel que l'amputation d'une ou plusieurs phalanges qui, pour être de plus faible importance, n'est pas moins une cause de dommage permanent pour la victime.

---

(1) L'Assemblée des présidents des Chambres de commerce a émis un vœu conforme aux desiderata de M. Villemin. Elle a demandé en même temps l'interdiction du rachat des rentes inférieures à 100 francs afin d'empêcher que l'ouvrier dissipe le capital et n'en tire aucune réparation réelle. C'est là une mesure intéressante, mais elle ne rentre pas dans le cadre des questions que la Commission a à envisager au point de vue de leur répercussion sur les conditions de prix des marchés de l'État.

C'est aux tribunaux qu'il appartient de donner aux demandes dont ils sont saisis une suite équitable en appréciant les circonstances de l'affaire.

e) *Charges résultant de l'application des lois sur les accidents du travail.*

L'ensemble des charges qui pèsent sur les entreprises du fait de l'application des lois sur les accidents du travail peut se mesurer par le taux des assurances qu'elles doivent contracter en vue du règlement des indemnités dont le payement leur incombe. Il est donc intéressant d'étudier les variations du taux des assurances depuis 1898.

Le Syndicat professionnel des entrepreneurs de travaux publics de France a fait à ce sujet une enquête auprès de ses adhérents, et dans le Mémoire justificatif produit à la Commission, il a consigné les chiffres correspondants à dix-huit entreprises importantes.

Les moyennes sont les suivantes :

Année 1899, 2.12 p. 100 des salaires;
Année 1903, 5.15 p. 100 des salaires;
Année 1908, 7.84 p. 100 des salaires.

L'augmentation de 1908 par rapport à 1899 est de 5.72. Si l'on y ajoute la retenue de 2 p. 100 que les entrepreneurs exerçaient à cette époque sur les salaires, on arrive à une augmentation totale des charges de $5.72 + 2 = 7.72$ p. 100.

Dans le calcul de la moyenne, on n'a pas tenu compte de chiffres correspondants aux travaux du Métropolitain de Paris; pour ceux de ces travaux exécutés en souterrain, le taux des assurances atteint 15 p. 100, ainsi qu'il a été dit plus haut.

D'après l'Union des industries métallurgiques et minières, les résultats donnés par la Caisse syndicale d'assurances mutuelles des forges de France, ont été les suivants :

Coût des sinistres pour 100 francs de salaires assurés :

1899	1.07
1900	1.91
1901	2.03
1902	1.89
1903	2.11
1904	2.37
1905	2.84
1906	3.15
1907	3.58

Dans son sixième Rapport au Président de la République sur l'application de la loi du 9 avril 1898, M. le Ministre du Travail indique pour le coût des sinistres par 100 francs de salaires assurés les *résultats généraux* ci-après :

        1901 .... 1f 53
        1902 .... 1 68
        1903 .... 1 51
        1904 .... 1 49
        1905 .... 1 72
        1906 .... 1 85
        1907 .... 2 04

§ 4. — Réduction du rendement de la main-d'œuvre.

La réduction volontaire du rendement de la main-d'œuvre est la dernière à examiner des causes auxquelles les entrepreneurs attribuent l'augmentation du prix des ouvrages.

Dans le mémoire qu'il a présenté à la Commission, le Syndicat professionnel des entrepreneurs de travaux publics de France, après avoir montré l'état d'esprit particulier dans lequel se trouve actuellement l'ouvrier, explique que cet état d'esprit se manifeste visiblement dans la prétention de régler à sa guise le travail qu'il doit fournir ; elle peut, dit le Syndicat, se traduire par une formule simple : *Plus de salaire et moins de travail dans un temps donné.*

M. Villemin, président du syndicat de la maçonnerie du département de la Seine, dans sa brochure intitulée *le Lock-Out de l'entreprise de maçonnerie* (1908), cite des articles de journaux (l'*Humanité*, la *Voix du peuple*) rendant compte des manœuvres auxquelles ont eu recours les maçons dans ces dernières années pour obtenir des augmentations de salaires. Leur tactique consistait généralement à agir *successivement* sur les patrons ; les ouvriers d'une entreprise se mettaient d'accord pour demander une augmentation ; si le patron refusait, « on ralentissait la besogne », ou bien l'on pratiquait le sabotage ; au bout de quelques jours, le patron cédait.

C'est las de ces manœuvres que les entrepreneurs de maçonnerie de Paris, après plusieurs tentatives infructueuses d'entente avec les syndicats ouvriers qui menaient la campagne, ont décidé le lock-out de 1908, à la presque unanimité des membres de la Chambre syndicale. 419 patrons sur 434 fermaient leurs chantiers le 6 avril ; postérieurement, un grand nombre d'entrepreneurs ne faisant pas partie de la Chambre syndicale prirent la même mesure.

Le 11 avril, l'Assemblée générale adoptait une résolution portant que les chantiers seraient réouverts lorsque le bureau estimerait suffisant le nombre des ouvriers qui adhéreraient au règlement des conditions du travail établi par la Chambre syndicale sur la base des propositions précédemment faites aux syndicats ouvriers.

Le 14 avril, 6,150 ouvriers ayant accepté ce règlement, la réouverture des chantiers a été fixée au 21 (mardi de Pâques); ceux qui avaient refusé leur signature, la donnèrent les jours suivant; le 3 mai tous les chantiers étaient en pleine activité. . . . .

Dans sa déposition devant la Commission, la délégation de la Fédération du bâtiment et des travaux publics a insisté sur la gravité de la situation résultant des consignes données sur les chantiers de Paris par la Confédération générale du travail pour limiter la quantité d'ouvrage produite par l'ouvrier.

Les renseignements fournis à ce sujet ont été confirmés à la Commission par M. le Préfet de la Seine. Il constate dans une lettre du 5 mars 1909, que pour obtenir l'augmentation de salaire consentie en 1908, les syndicats employèrent une arme nouvelle, la diminution systématique et progressive du rendement de la main-d'œuvre. C'est sur les chantiers du Métropolitain, et en général pour les travaux en souterrain, que les effets de cette tactique ont eu le plus d'intensité. Ainsi, pour l'ouverture des galeries, une équipe avançait autrefois en un poste de 10 heures d'une longueur égale à l'intervalle de deux cadres (1 m. 60), en terrain moyen. Aujourd'hui, les délégués des syndicats veillent à ce que cet avancement ne soit réalisé qu'en deux postes, et si, sur certains chantiers qui leur échappent, on avance d'un cadre par poste, il arrive que sur d'autres le travail de trois postes est nécessaire pour atteindre le même résultat.

On annonce d'ailleurs l'intention des syndicats qui ont pris la direction du mouvement de formuler de nouvelles exigences quant à la durée de la journée et au taux des salaires.

« Ces circonstances, dit M. le Préfet, qui entretiennent un état constant de lutte et d'incertitude, aussi bien ce qui concerne le prix de la main-d'œuvre qu'en ce qui touche son rendement, expliquent les échecs successifs et de plus en plus fréquents subis depuis quelques mois dans la mise en adjudication des travaux publics.

« Elles empêchent aussi la réunion des Commissions mixtes destinées, suivant les décrets du 10 août 1899 à fixer le taux des salaires par la constatation d'une généralisation de ces taux et d'un accord entre les patrons et les ouvriers. »

« Le remède à cette situation est difficile à indiquer; il est à craindre qu'il ne puisse résulter que de la raréfaction des travaux. . . . . »

La diminution volontaire du rendement de la main-d'œuvre sur l'invitation formelle et réitérée des syndicats a été également signalée dans sa déposition par M. le Directeur général du chemin de fer métropolitain N. S. de Paris. La proportion de cette diminution a été extrêmement variable suivant les chantiers et suivant les périodes de sorte qu'il convient, à son avis, de ne pas attacher trop d'importance aux appréciations diverses qui ont été données sous le coup de l'émotion légitime suscitée par l'application de cette nouvelle pratique.

Dans le mémoire explicatif adressé le 15 mars 1909 à la Commission, à la suite de l'enquête à laquelle il a procédé auprès de ses adhérents, le syndicat des entrepreneurs de travaux publics évalue à un chiffre variant de 28 à 40 p. 100 suivant les contrées, et atteignant en certains points particuliers 60 p. 100, la diminution du rendement de la main-d'œuvre en province.

Des divers renseignements fournis à l'appui de ces indications, le plus complet est le suivant :

TABLEAU N° 27.

CUBES DE DÉBLAI DE MÊME NATURE CHARGÉS PAR DEUX OUVRIERS EN 12 HEURES ET PRIX DE REVIENT CORRESPONDANTS.

	Le Cateau à Laon (1888).	Trilport à La Ferté-Milon (1892).	Nyons-Pierrelatte (1894).	TRAVERSÉE du Rhône à Avignon (1900).	SUPPRESSION de P. N. à Lyon (1905).	VOIES nouvelles de Saint-Denis à Chantilly (1906).	Canal du Nord (1908).
Nombre de wagons de 8ᵐ³ 25 chargés	22	20	18	16	15	14	12
Cubes correspondants	49ᵐ³ 50	45ᵐ³ 00	40ᵐ³ 50	36ᵐ³ 00	33ᵐ³ 75	31ᵐ³ 50	27ᵐ³ 00
Prix de l'heure de terrassier	0ᶠ 35ᶜ	0ᶠ 38ᶜ	0ᶠ 38ᶜ	0ᶠ 40ᶜ	0ᶠ 42ᶜ	0ᶠ 45ᶜ	0ᶠ 45ᶜ
Prix de revient du mètre cube chargé (assurance non comprise)	0ᶠ 17	0ᶠ 20	0ᶠ 225	0ᶠ 30	0ᶠ 32	0ᶠ 36	0ᶠ 40

Dans les industries métallurgiques, la délégation entendue par la Commission n'a constaté une tendance à la diminution du rendement de la main-d'œuvre qu'à Paris ; cette tendance ne se manifesterait pas encore d'une manière sensible en province.

Invité à fournir des renseignements sur les faits avancés par la délégation du syndicat des entrepreneurs de travaux publics, M. Victor, secrétaire de la chambre syndicale des ouvriers de la maçonnerie du département de la Seine, délégué par les syndicats ouvriers qu'avait convoqués la Commission, a contesté que le rendement de la main-d'œuvre ait fléchi. La bonne foi des ingénieurs aurait été surprise lors de l'enquête qu'ils ont faite sur ce point dans divers chantiers, les ouvriers ayant reçu des entrepreneurs l'ordre de répondre de façon inexacte de manière à faire croire à une diminution, qui, en réalité, n'existerait pas. Si, à certains moments, on avait pu obtenir un rendement supérieur au rendement normal, ce résultat n'avait été obtenu qu'au détriment de la qualité du travail. Depuis ces derniers temps, le contrôle ayant été plus vigilant, les surproductions n'ont plus été possibles.

La Commission, sans discuter ces assertions, croit devoir faire remarquer, qu'elles sont en contradiction, non seulement avec tous les renseignements recueillis au cours de l'enquête, mais encore avec les dires de M. Victor lui-même, tels qu'ils sont rappelés, d'après l'*Humanité*, dans le compte rendu du « Lock-out » de la maçonnerie. Quoi qu'il en soit, on ne saurait songer à demander à une réglementation quelconque un remède efficace contre la diminution volontaire de la production. Sans doute, les syndicats ne tarde-ront-ils pas à reconnaître que c'est là une arme aussi dangereuse pour les ouvriers que pour les patrons, l'amélioration du sort des uns ne pouvant être réalisée par la ruine des autres. Et l'on doit espérer que la diminution volon-taire du rendement de la main-d'œuvre restera un incident regrettable, mais vite oublié, d'une crise qui se terminera par l'établissement, sur des bases durables, d'une entente entre les patrons et les ouvriers. La continuation de la lutte ne pourrait, ainsi que l'a pensé M. le Préfet de la Seine, conduire qu'à une raréfaction des travaux dont les ouvriers seraient les premières vic-times.

A la diminution volontaire du rendement de la main-d'œuvre, considérée comme cause d'augmentation du prix des ouvrages, se rattache une autre cause qu'a signalée l'*Union des industries métallurgiques et minières*; c'est la progression du nombre des grèves.

Dans le mémoire qu'elle a adressé à la Commission, l'*Union*, après avoir donné une statistique des grèves survenues de 1902 à 1906, ajoute :

« Mais ce qui est plus inquiétant pour les industriels, c'est, d'une part, qu'une grève peut éclater dans leurs établissements sur un mot d'ordre venu du dehors et sans que leurs propres ouvriers aient à formuler une plainte ou une réclamation; c'est, d'autre part, que leurs ouvriers sont invités par leurs syndicats à profiter des moments où une commande urgente doit être exécutée dans des délais légaux rigoureux pour formuler des demandes d'augmentation de salaires.

« On comprend que, dans ces conditions, beaucoup d'industriels hésitent à entreprendre des travaux importants et de longue durée; ils ne peuvent, en effet, avec certitude, tabler sur les salaires actuels pour établir leurs prix de revient. »

La statistique, produite par l'Union et complétée en ce qui concerne les années 1907 et 1908, accuse les chiffres ci-après :

TABLEAU N° 28.

ANNÉES.	NOMBRE de GRÈVES.	NOMBRE D'ÉTA- BLISSE- MENTS.	NOMBRE de GRÉVISTES.	JOURNÉES de CHÔMAGE.
1902	512	1,820	212,704	4,675,081
1903	567	3,246	123,151	2,441,944
1904	1,026	17,250	271,097	3,934,884
1905	830	5,302	177,606	2,746,684
1906	1,309	19,637	438,466	9,938,594
1907	1,275	8,365	197,961	3,562,220
1908				

Il y a lieu de remarquer qu'une augmentation du nombre des grèves s'est produite, depuis quelques années, dans des pays autres que la France, notamment en Allemagne et en Autriche ainsi que le montre le tableau ci-dessous :

TABLEAU N° 29.

NOMBRE DES GRÈVES DE 1893 A 1907.

ANNÉES.	FRANCE.	ALLEMAGNE.	AUTRICHE.	ANGLETERRE.
1893	634	116	//	615
1894	391	130	172	929
1895	405	204	209	745
1896	476	483	305	926
1897	356	578	246	804
1898	368	985	255	711
1899	739	1,288	311	719
1900	902	1,433	303	648
1901	523	1,056	270	642
1902	512	1,060	264	442
1903	567	1,374	324	387
1904	1,026	1,870	414	354
1905	830	2,403	686	358
1906	1,309	3,328	1,083	486
1907	1,275	2,266	1,086	601

D'ailleurs, si le nombre des grèves a augmenté, la statistique n'accuse pour le nombre des grévistes et des journées chômées, qu'une série d'oscillations d'où il paraît difficile de tirer des conclusions [1]. C'est en réalité la crainte d'une hausse des salaires plutôt que la crainte d'une grève qui a pu empêcher certains entrepreneurs de soumissionner dans ces dernières années, et il a été dit plus haut que le relèvement des salaires, généralement obtenu par à-coups successifs, tient à des causes dont l'examen sortirait du cadre des études confiées à la Commission.

----

[1] L'augmentation du nombre des grèves ne semble pas être une conséquence du développement pris par les syndicats ouvriers depuis quelques années. L'exemple de l'Angleterre porterait plutôt à penser que les grèves deviennent plus sérieuses et plus étendues, mais *moins fréquentes* au fur et à mesure que les groupements ouvriers sont plus puissants et mieux organisés pour traiter avec les groupements patronaux.

TROISIÈME PARTIE.

CONCLUSIONS.

En résumé, les insuccès survenus dans les adjudications de l'Etat au cours des dernières années n'ont pas été aussi fréquents qu'on aurait pu le craindre à la suite des mécomptes successifs, d'une certaine gravité, qui avaient préoccupé le Ministère des Travaux publics.

En réalité, si l'on a compté, pour les adjudications passées par quelques-unes des Administrations de l'Etat, plus d'insuccès qu'au cours des années précédentes, l'augmentation n'a guère porté que sur les entreprises importantes, qui sont les moins nombreuses.

Il est incontestable d'ailleurs que, quelles que soient les conditions d'un marché, on trouve toujours des soumissionnaires, sauf le cas de circonstances absolument exceptionnelles, en élevant les prix, et que, par conséquent, l'Administration peut éviter les insuccès. Mais ce dont elle ne saurait aussi facilement se défendre, c'est de l'augmentation des prix.

En recherchant les causes de cette augmentation, la Commission a constaté que le prix de certaines matières premières s'est élevé, mais que celui des matières d'alimentation et des matériaux les plus employés dans les travaux publics n'a pas sensiblement varié depuis 1880.

C'est donc à la hausse du taux des salaires qu'il faut attribuer tout d'abord l'accroissement survenu dans le prix des ouvrages. Les intéressés entendus par la Commission l'attribuent aussi à l'abstention de certains entrepreneurs ou à leurs exigences motivées tant par la procédure suivie dans les adjudications, que par les conditions excessives des marchés, et aussi par les charges nouvelles résultant de la réglementation du travail.

Après avoir étudié successivement ces différentes causes, la Commission conclut :

A. — En ce qui concerne la passation des marchés.

1° Que les dispositions générales réglementaires en vigueur relatives au mode de passation des marchés permettent d'adopter dans chaque cas la solution la plus conforme aux intérêts de l'Etat et qu'il convient de recommander :

a) La division des entreprises en plusieurs lots ne comprenant chacun que des ouvrages analogues, toutes les fois que la nature et les conditions d'exécution des travaux permettent cette division;

b) Le marché de gré à gré après concours ouvert sur devis-programme dressé par l'Administration :

pour les grands travaux publics dont l'exécution peut comporter diverses solutions et nécessiter l'emploi d'un matériel important et de moyens d'exécution puissants,

ainsi que pour les travaux dont l'étude et l'exécution paraissent devoir être avantageusement confiées à des spécialistes;

c) L'adjudication publique ou restreinte basée sur un détail estimatif préparé par l'Administration quant aux quantités et complété par les soumissionnaires quant aux prix unitaires :

pour les travaux d'une certaine importance, exigeant de la part des entrepreneurs appelés à soumissionner, une étude préalable particulièrement sérieuse des conditions d'exécution des ouvrages;

2° Qu'il y aurait lieu :

a) De substituer les références prévues par l'article 3 du cahier des clauses et conditions générales élaboré par la Commission de 1895 aux certificats de capacité et autres exigés par certaines administrations pour l'admission des entrepreneurs aux adjudications publiques;

b) De modifier la procédure des adjudications publiques suivie par certaines Administrations, de manière à éviter l'éviction en séance publique des concurrents non agréés par le bureau, et d'adopter à cet effet des dispositions analogues à celles prescrites par les circulaires du Ministre des Travaux Publics, des Postes et des Télégraphes en date des 6 novembre et 20 décembre 1907;

c) De prescrire les mesures nécessaires pour faciliter la conversion en cautionnements définitifs des cautionnements provisoires versés en vue de prendre part aux adjudications.

B. — En ce qui concerne les clauses des marchés.

1° Qu'il serait utile :

a) D'appeler l'attention des Ministres intéressés sur la convenance de recommander aux chefs de service qui ont à préparer des projets de marché

de ne proposer des dérogations aux clauses et conditions générales qu'au cas où ces dérogations seraient justifiées par des circonstances tout à fait exceptionnelles, et le cas échéant, de rappeler les dérogations dans l'article final du cahier des charges visant l'application à l'entreprise des clauses et conditions générales;

de ne jamais stipuler, pour la qualité et la mise en œuvre des matériaux, des exigences qui ne soient pas nécessaires eu égard à la nature et à la destination des ouvrages;

de prévoir pour les fournitures, toutes les fois qu'il est possible, des types qui correspondent à une fabrication commerciale courante, et, à cet effet, de se renseigner, s'il y a lieu, auprès des chambres de commerce;

b) D'appeler également leur attention sur la question de la remise des pénalités, et de leur faire remarquer notamment que cette remise, qui modifie après coup les obligations du marché, ne doit être accordée que pour des motifs sérieux, si l'on ne veut pas favoriser les entrepreneurs peu consciencieux qui acceptent les conditions d'un traité avec l'espoir que l'exécution n'en sera pas exigée;

c) De demander au Ministre de la Marine de préciser les attributions du contrôle dans les usines de façon à assurer l'acceptation par les Commissions de recette, des changements que ce service est autorisé à ordonner;

2° Que les articles 3, 6, 9, 11, 14, 15, 16, 17, 18, 27, 28, 29, 31, 32, 35, 37, 39, 41, 42, 43, 52 et 53 du cahier des clauses et conditions générales élaboré par la Commission de 1895, devraient être modifiés ou complétés comme il suit (1) :

ART. 3.

Déclaration et références.

La déclaration fait connaître les nom, prénoms, qualité et domicile du candidat.

Les références consistent en une note émanant du candidat et indiquant le lieu, la date, la nature et l'importance des travaux qu'il a exécutés *ou à l'exécution desquels il a concouru*, ainsi que les noms, qualités et domiciles des hommes de l'art sous la direction desquels les travaux ont été exécutés. Les certificats délivrés par ces hommes de l'art peuvent être joints à la note.

La déclaration et les références sont présentées, dix jours au moins avant l'adjudication, à l'ingénieur en chef qui doit les viser à titre de communication.

Il n'est pas exigé de références pour la fourniture des matériaux destinés à l'exécution des chaussées en empierrement ni pour les travaux de terrassement dont l'estimation ne s'élève pas à plus de 20,000 francs.

ART. 6.

Pièces à délivrer à l'entrepreneur.

Aussitôt après l'approbation de l'adjudication, le Préfet délivre à l'entrepreneur, sur son récépissé, une expédition, vérifiée par l'ingénieur en chef et dûment légalisée, du

---

(1) On a indiqué *en italique* les additions et, autant que possible, les modifications au texte de la Commission de 1895.

devis, du bordereau des prix, du détail estimatif, *du bordereau constatant le taux normal et courant des salaires et la durée normale et courante de la journée de travail*, et des autres pièces qui seraient expressément désignées dans le devis comme servant de base au marché, ainsi qu'une copie certifiée du procès-verbal d'adjudication et un exemplaire imprimé des présentes clauses et conditions générales.

L'entrepreneur peut d'ailleurs faire prendre copie dans les bureaux de l'ingénieur des autres pièces qui ont figuré au dossier public d'adjudication.

ART. 9.

Défense de sous-traiter sans autorisation.

L'entrepreneur ne peut céder à des sous-traitants une ou plusieurs parties de son entreprise sans le consentement de l'Administration.

Dans tous les cas, il demeure personnellement responsable, tant envers l'Administration qu'envers les ouvriers et les tiers.

Si un sous-traité est passé sans autorisation, l'Administration peut, suivant les cas, soit prononcer la résiliation pure et simple de l'entreprise, soit procéder à une nouvelle adjudication à la folle enchère de l'entrepreneur.

Le marchandage est également interdit à l'entrepreneur, conformément au décret du 2 mars 1848 et à l'arrêté du Gouvernement du 21 mars 1848.

ART. 11.

Règlement pour la police des chantiers.

L'entrepreneur est tenu d'observer tous les règlements qui sont faits par le Préfet, sur la proposition de l'ingénieur en chef, pour la police des chantiers.

La durée du travail journalier est limitée à la durée normale du travail en usage, pour chaque catégorie d'ouvriers, dans la ville ou la région.

En cas de nécessité absolue, l'entrepreneur peut, avec l'autorisation expresse et spéciale de l'ingénieur en chef, ou sur son ordre, déroger aux dispositions du paragraphe précédent.

Les heures supplémentaires de travail ainsi faites par les ouvriers donnent lieu à une majoration de salaire dont le taux est fixé par le cahier des charges.

ART. 14.

Liste nominative des ouvriers. — Ouvriers étrangers.

Le nombre des ouvriers de chaque profession est toujours proportionné à la quantité d'ouvrage à faire.

Le nombre des ouvriers étrangers ne peut dépasser la proportion fixée par le cahier des charges.

Pour mettre l'ingénieur à même d'assurer l'accomplissement de ces conditions, il lui est remis périodiquement et aux époques par lui fixées une liste nominative des ouvriers.

ART. 15.

Payement des ouvriers.

Le salaire normal des ouvriers est égal, pour chaque profession, et dans chaque profession, pour chaque catégorie d'ouvriers, au taux couramment appliqué dans la ville ou la région où le travail est exécuté.

Lorsque l'entrepreneur a à employer des ouvriers que leurs aptitudes physiques mettent dans une condition d'infériorité notoire sur les ouvriers de la même catégorie, il peut leur appliquer exceptionnellement un salaire inférieur au salaire normal.

La proportion maximum de ces ouvriers par rapport au total des ouvriers de la catégorie et le maximum de la réduction possible de leurs salaires sont fixés par le cahier des charges.

L'entrepreneur paye ses ouvriers tous les mois ou à des époques plus rapprochées si l'Administration le juge nécessaire.

En cas de retard régulièrement constaté, l'Administration, par application des lois des 26 pluviôse an II et 25 juillet 1891, se réserve la faculté de faire payer d'office les salaires arriérés sur les sommes dues à l'entrepreneur.

Si l'Administration constate une différence entre le salaire payé aux ouvriers et le salaire normal, elle indemnise directement les ouvriers lésés au moyen de retenues opérées sur les sommes dues à l'entrepreneur.

Le bordereau du taux normal et courant des salaires et de la durée normale et courante de la journée de travail annexé au cahier des charges est affiché, par les soins et aux frais de l'entrepreneur, dans les chantiers où sont exécutés les travaux.

ART. 16.

Soins, secours et indemnités aux ouvriers et employés.

L'entrepreneur a la charge entière de toutes les dépenses du service médical de l'entreprise, des soins, secours et indemnités dus aux ouvriers et employés victimes d'accidents survenus sur les chantiers, des secours et indemnités dus aux veuves et aux familles de ces ouvriers et employés.

Il est soumis, à cet égard, à toutes les obligations résultant, tant des décrets et arrêtés ministériels en vigueur au moment de l'adjudication, *que des lois applicables à l'ensemble des chantiers publics et privés.*

Les frais médicaux et le demi-salaire sont dus, dans tous les cas, à partir du premier jour de l'interruption obligée du travail et alors même que cette interruption n'aurait duré qu'un jour.

ART. 17.

Dépenses imputables sur la somme à valoir.

(Supprimé.)

ART. 17 (nouveau) [1].

Magasins, équipages et outils.

L'entrepreneur est tenu de fournir à ses frais les magasins et équipages, voitures, ustensiles et outils de toute espèce nécessaires à l'exécution des travaux, sauf les exceptions stipulées au devis.

ART. 18 (1).

Établissement des chantiers et faux frais de l'entreprise.

L'entrepreneur a également à sa charge l'établissement des chantiers et chemins de service et les indemnités y relatives, les frais de tracé et de métré des ouvrages, les cordeaux,

---

(1) L'ancien article 18 a été dédoublé pour éviter de changer le numérotage des articles suivants.

piquets et jalons, les frais d'éclairage des chantiers, s'il y a lieu, et généralement toutes les menues dépenses et tous les faux frais relatifs à l'entreprise.

ART. 27.

Vices de construction.

Lorsque les ingénieurs présument qu'il existe dans les ouvrages des vices de construction, ils ordonnent, soit en cours d'exécution, soit avant la réception définitive, la démolition et la reconstruction des ouvrages présumés vicieux.

Les dépenses résultant de cette opération, *qui a lieu en présence de l'entrepreneur ou lui dûment convoqué*, sont à sa charge lorsque les vices de construction sont constatés et reconnus.

ART. 28.

Pertes et avaries, cas de force majeure.

Il n'est alloué à l'entrepreneur aucune indemnité à raison des pertes, avaries ou dommages occasionnés par négligence, retard dans l'exécution, imprévoyance, défaut de moyens ou fausses manœuvres provenant de son fait. L'entrepreneur est d'ailleurs responsable des dommages causés aux tiers par suite de retard dans l'exécution.

Ne sont pas compris, toutefois, dans la disposition précédente les cas de force majeure qui, dans le délai de dix jours au plus après l'événement, ont été signalés *par écrit* par l'entrepreneur ; dans ce cas, néanmoins, il ne peut rien être alloué qu'avec l'approbation de l'Administration. Passé le délai de dix jours, l'entrepreneur n'est plus admis à réclamer.

ART. 29.

Règlements de prix des ouvrages non prévus.

Lorsqu'il est jugé nécessaire d'exécuter des ouvrages non prévus ou de modifier la provenance des matériaux, telle qu'elle est indiquée par le devis, l'entrepreneur se conforme immédiatement aux ordres écrits qu'il reçoit à ce sujet, et il est préparé sans retard de nouveaux prix d'après ceux du marché ou par assimilation aux ouvrages les plus analogues. Dans le cas d'une impossibilité absolue d'assimilation, on prend pour termes de comparaison les prix courants du pays.

Les nouveaux prix, calculés de manière à être passibles du rabais de l'adjudication, après avoir été débattus par les ingénieurs avec l'entrepreneur, sont soumis à l'approbation de l'Administration.

A défaut d'entente amiable, il est statué par le Conseil de préfecture.

En attendant la solution du litige, l'entrepreneur est payé provisoirement aux prix préparés par les ingénieurs.

ART. 31.

Diminution dans la masse des travaux.

En cas de diminution dans la masse des travaux, l'entrepreneur ne peut élever aucune réclamation tant que la diminution n'excède pas le sixième du montant de l'entreprise, sauf l'application de l'article 32. — Si la diminution est de plus du sixième, il reçoit, s'il y a lieu, à titre de dédommagement, une indemnité qui, *à défaut d'entente amiable*, est fixée par le Conseil de préfecture, sans préjudice du droit à la résiliation immédiate qui doit être demandée dans la même forme et le même délai que ci-dessus.

ART. 32.

Changement dans l'importance des diverses natures d'ouvrages.

Lorsque les changements ordonnés par l'Administration, *ou résultant de circonstances indépendantes de la volonté de l'entrepreneur,* modifieront l'importance de certaines natures d'ouvrage, de telle sorte que les quantités prescrites diffèrent de plus d'un quart en plus ou en moins des quantités portées au détail estimatif, l'entrepreneur peut présenter, en fin de compte, une demande en indemnité basée sur le préjudice que lui auraient causé les modifications apportées à cet égard dans les prévisions du projet.

ART. 35.

Mesures coercitives.

Lorsque l'entrepreneur ne se conforme pas soit aux dispositions du devis, soit aux ordres de service écrits qui lui sont donnés par les ingénieurs, un arrêté du Préfet le met en demeure d'y satisfaire dans un délai déterminé. Ce délai, sauf le cas d'urgence, n'est pas de moins de dix jours à dater de la notification de l'arrêté de mise en demeure.

Passé ce délai, si l'entrepreneur n'a pas exécuté les dispositions prescrites, le Préfet, *après en avoir référé au Ministre, sauf le cas d'urgence,* ordonne par un second arrêté, l'établissement d'une régie aux frais de l'entrepreneur, *et* il est procédé immédiatement, en sa présence ou lui dûment appelé, à l'inventaire descriptif du matériel de l'entreprise.

Il est aussitôt rendu compte *des opérations* au Ministre, qui peut, selon les circonstances, soit ordonner une nouvelle adjudication à la folle enchère de l'entrepreneur, soit prononcer la résiliation pure et simple du marché, soit prescrire la continuation de la régie.

Pendant la durée de la régie, l'entrepreneur est autorisé à en suivre les opérations, sans qu'il puisse toutefois entraver l'exécution des ordres des ingénieurs.

Il peut d'ailleurs être relevé de la régie s'il justifie des moyens nécessaires pour reprendre les travaux et les mener à bonne fin.

Les excédents de dépenses qui résultent de la régie ou de l'adjudication sur folle enchère sont prélevés sur les sommes qui peuvent être dues à l'entrepreneur, *sans préjudice des droits à exercer contre lui en cas d'insuffisance, jusqu'à concurrence du montant du rabais de l'entreprise sur les travaux restant à exécuter lors de la mise en régie.*

Si la régie ou l'adjudication sur folle enchère amènent au contraire une diminution dans les dépenses, l'entrepreneur ne peut réclamer aucune part de ce bénéfice, qui reste acquis à l'Administration.

Lorsque des infractions réitérées aux conditions du travail auront été relevées à la charge de l'entrepreneur, le Ministre pourra, sans préjudice de l'application des autres sanctions, décider, par voie de mesure générale, de l'exclure pour un temps déterminé ou définitivement des marchés de son département.

ART. 37.

Faillite ou liquidation judiciaire de l'entrepreneur.

En cas de faillite de l'entrepreneur, le contrat est également résilié de plein droit, sauf à l'Administration, à accepter, s'il y a lieu, les offres qui peuvent être faites par les créanciers pour la continuation de l'entreprise.

Il en est de même en cas de liquidation judiciaire, si l'entrepreneur n'est pas autorisé par le tribunal à continuer l'exploitation de son industrie.

ART. 39.

Attachements.

Les attachements sont pris, au fur et à mesure de l'avancement des travaux, par l'agent chargé de la surveillance, en présence de l'entrepreneur et contradictoirement avec lui ; celui-ci doit les signer au moment de la présentation qui lui en est faite.

Lorsque l'entrepreneur refuse de signer ces attachements ou ne les signe qu'avec réserve, il lui est accordé un délai de dix jours à dater de la présentation des pièces pour formuler par écrit ses observations. Passé ce délai, les attachements sont censés être acceptés par lui, comme s'ils étaient signés sans réserve.

Dans le cas de refus de signature ou de signature avec réserve, il est dressé procès-verbal de la présentation et des circonstances qui l'ont accompagnée. Ce procès-verbal est annexé aux pièces non acceptées.

Les résultats des attachements inscrits sur les carnets ne sont portés en compte qu'autant qu'ils ont été admis par les ingénieurs.

En cas de réclamations de l'entrepreneur produites dans les circonstances prévues au dernier paragraphe de l'article 10, des attachements contradictoires sont pris, soit sur sa demande, soit sur l'ordre de l'ingénieur, en vue de la suite à donner à ces réclamations.

ART. 41.

Décomptes annuels et décomptes définitifs.

A la fin de chaque année, il est dressé un décompte de l'entreprise que l'on divise en deux parties : la première comprend les ouvrages et portions d'ouvrages dont le métré a pu être arrêté définitivement ; et la seconde, les ouvrages ou portions d'ouvrages dont la situation n'a pu être établie que d'une manière provisoire.

L'entrepreneur est invité, par un ordre de service dûment notifié, à venir prendre connaissance, dans les bureaux de l'ingénieur, de ce décompte, auquel sont joints les métrés et les pièces à l'appui, et à le signer pour acceptation ; procès-verbal est dressé de la présentation qui lui en est faite et des circonstances qui l'ont accompagnée.

L'entrepreneur, indépendamment de la communication qui lui est faite de ces pièces sans déplacement, est en outre autorisé à faire transcrire par ses commis, dans les bureaux de l'ingénieur, celles dont il veut se procurer des expéditions.

En ce qui concerne la première partie du décompte, l'acceptation de l'entrepreneur est définitive, tant pour les quantités d'ouvrages que pour l'application des prix.

S'il refuse d'accepter ou s'il ne signe qu'avec réserves, il doit déduire ses motifs par écrit dans les trente jours qui suivent la notification de l'ordre de service mentionné au paragraphe 2.

Il est expressément stipulé que l'entrepreneur n'est point admis à élever de réclamations au sujet des pièces ci-dessus indiquées après ledit délai de trente jours, et que, passé ce délai, le décompte est censé accepté par lui, quand bien même il ne l'aurait signé qu'avec des réserves dont les motifs ne seraient pas spécifiés.

Le procès-verbal de présentation doit toujours être annexé aux pièces non acceptées.

En ce qui concerne la deuxième partie du décompte, l'acceptation de l'entrepreneur n'est considérée que comme provisoire.

Les stipulations des paragraphes 2, 3, 4, 5, 6 et 7 du présent article s'appliquent aux décomptes définitifs partiels qui peuvent être présentés à l'entrepreneur dans le courant de la campagne.

Elles s'appliquent aussi au décompte général et définitif de l'entreprise, à l'exception du délai des réclamations qui est porté à quarante jours.

A défaut de stipulation expresse dans le cahier des charges, l'ordre de service invitant l'entrepreneur à prendre connaissance de ce décompte lui est notifié dans un délai de trois mois à partir de la date de la réception provisoire.

ART. 42.

L'entrepreneur ne peut revenir sur les prix du marché.

L'entrepreneur ne peut, sous aucun prétexte, revenir sur les prix du marché qui ont été consentis par lui. *Toutefois, s'il est procédé en cours d'entreprise, dans les conditions déterminées par l'article 3 du décret du 10 août 1899, à la revision des prix du bordereau du taux normal des salaires et de la durée normale de la journée de travail joint au cahier des charges, et si les variations constatées sont telles qu'il en résulte pour la dépense totale des ouvrages restant à exécuter une différence atteignant la proportion de 1/6ᵉ, une revision correspondante des prix du marché pourra être réclamée par l'entrepreneur ou effectuée d'office par l'Administration. Cette revision sera faite dans les conditions fixées par les trois derniers paragraphes de l'article 29 et les nouveaux prix seront appliqués aux travaux restant à exécuter à la date de la demande en revision de l'entrepreneur ou de l'ordre de revision d'office.*

ART. 43.

Reprise du matériel en cas de résiliation.

A moins de stipulation expresse dans le devis, l'Administration, dans tous les cas de résiliation prévus par le présent cahier des clauses et conditions générales, a la faculté, mais non l'obligation, d'acquérir telle partie du matériel de l'entreprise qu'elle juge utile à l'achèvement des travaux, si l'entrepreneur ou ses ayants droit en font la demande.

Dans tous les cas de résiliation, l'entrepreneur est tenu d'évacuer les chantiers, magasins et emplacements utiles à l'entreprise dans le délai qui est fixé par l'Administration.

Les matériaux approvisionnés par ordre (1), s'ils remplissent les conditions du devis, sont acquis par l'État aux prix de l'adjudication ou à ceux résultant de l'application de l'article 29 ci-dessus, *à moins de stipulations spéciales inscrites dans le devis de l'entreprise.*

ART. 52.

Jugement des contestations.

Conformément aux dispositions de la loi du 28 pluviôse an VIII, toute difficulté entre l'Administration et l'entrepreneur concernant le sens ou l'exécution des clauses du marché est portée devant le Conseil de préfecture qui statue, sauf recours au Conseil d'État, *à moins qu'un accord intervienne entre les parties pour recourir à l'arbitrage prévu par la loi du 17 avril 1906.*

---

(1) On a supprimé les mots : « et déposés sur les chantiers ».

ART. 53.

Saisies-arrêts, oppositions.

Dans le cas de saisies-arrêts ou oppositions sur les sommes ordonnancées ou mandatées, ces sommes sont versées à la Caisse des dépôts et consignations, à concurrence du montant desdites saisies-arrêts ou oppositions; la différence est versée à l'entrepreneur.

3° Que le cahier des clauses et conditions générales ainsi revisé et complété devrait être appliqué àtous les marchés de travaux de l'Administration des Ponts et Chaussées et du Service de l'Hydraulique agricole,

Et qu'il serait désirable que ce cahier des clauses et conditions générales fût également mis en vigueur pour les marchés passés par les Services de travaux de la Guerre, de la Marine, de l'Intérieur, des Manufactures de l'État, des Beaux-Arts et des Colonies, après avoir subi les modifications, généralement peu importantes, que rendent nécessaire l'organisation de ces services, et la nature spéciale des ouvrages qu'ils ont à faire exécuter;

4° Qu'il conviendrait (par voie de circulaire ministérielle) :

a) De prescrire l'indication, dans les affiches ou avis d'adjudication, du montant approximatif des frais mis à la charge de l'entrepreneur par l'article 7 du cahier des clauses et conditions générales ;

b) De recommander l'insertion dans les cahiers des charges des entreprises qui paraîtront pouvoir comporter cette disposition, d'une clause portant qu'aussitôt que possible après le vote du budget, l'entrepreneur sera avisé du montant approximatif du crédit affecté à l'entreprise pour l'exercice courant.

C. — **En ce qui concerne la réglementation du travail.**

Qu'en raison des difficultés et des divergences d'interprétation auxquelles donne lieu l'application des dispositions du décret du 10 août 1899 relatives aux bordereaux des salaires et de la durée du travail, à la définition des chantiers et ateliers visés par ce décret et au payement des salaires, il y aurait lieu pour les ministres intéressés de se concerter en vue de prendre les mesures ci-après :

1° *Bordereau des salaires et de la durée du travail :*

a) Instituer dans chaque département une commission qui serait composée de représentants de toutes les Administrations civiles et militaires ayant à passer des marchés de travaux ou de fournitures pour l'Etat et le Département et qui aurait pour mission d'établir et de reviser, quand il y aurait lieu, en se conformant aux prescriptions de l'article 3 du décret, les bordereaux du taux des salaires normaux et de la durée normale de la journée de travail pour toutes les catégories d'ouvriers pouvant être employées à l'exécution desdits marchés dans le département;

b) Dans les instructions qui seront adressées à ces Commissions, spécifier :

Que le salaire normal et courant dont elles ont à constater le taux est le salaire payé ordinairement au plus grand nombre des ouvriers d'une même spécialité de la profession considérée, ne présentant pas une capacité exceptionnelle,

que, par suite, le salaire des ouvriers d'une capacité supérieure à la moyenne ne doit pas figurer au bordereau, non plus que celui des ouvriers d'une capacité inférieure, ces derniers devant être considérés comme ouvriers d'aptitudes physiques restreintes auxquels s'appliquent les dispositions de l'article 3 du décret,

et que les taux des salaires peuvent d'ailleurs être fixés, non seulement à l'heure ou à la journée, mais aussi aux pièces ;

c) Appeler leur attention sur la nécessité de dresser plusieurs bordereaux au cas où le taux des salaires et la durée du travail varieraient dans le département suivant les régions ou l'importance des agglomérations ;

d) Signaler aux chefs de services qui ont à rédiger des projets de marchés, ou à en surveiller l'exécution que dans le cas de travaux ne pouvant être entrepris dans une région que par une seule usine spéciale, il y a impossibilité à dresser un bordereau dans les conditions prévues aux paragraphes 1° et 2° de l'article 3 du décret,

que dans ce cas, les salaires normaux sont ceux payés par l'usine spéciale à ses ouvriers avant la passation du marché,

et que le moyen d'assurer l'application du paragraphe 3° de l'article 1er du décret est alors, pour l'Administration, de vérifier que ces salaires ne sont pas réduits pour l'exécution du marché ;

e) Leur signaler également que, quand une partie des travaux faisant l'objet d'un marché doit être exécutée dans des établissements industriels dont la situation ne peut être connue avant l'adjudication, le bordereau à joindre au cahier des charges ne doit viser que les ouvriers qui travailleront sur les chantiers ou ateliers à installer dans l'emplacement des ouvrages à construire ;

f) Leur faire remarquer que les salaires qu'ils prennent comme base pour la rédaction du bordereau des prix des ouvrages doivent être au moins égaux à ceux indiqués au bordereau du taux normal et courant des salaires qui sera joint au cahier des charges ;

g) Enfin, leur expliquer que par ouvriers « d'aptitudes physiques restreintes », on doit entendre, non seulement ceux qui sont atteints d'infirmités, mais aussi les jeunes ouvriers qui n'ont pas encore et les ouvriers âgés qui n'ont plus une capacité égale à celle du plus grand nombre des ouvriers de la profession.

2° *Définition des chantiers et ateliers auxquels doivent être appliquées les dispositions du décret du 10 août 1899 :*

Adresser aux chefs de service une circulaire dans laquelle il sera expliqué :

a) Que les dispositions dont il s'agit ne sont pas applicables aux établissements qui exécutent des ouvrages ou fabriquent des produits d'un emploi courant, susceptibles d'être livrés indifféremment soit à l'État, soit à d'autres clients,

et que ces établissements ne sont pas tenus d'affecter aux commandes de l'État des ateliers spéciaux ;

b) Qu'elles sont au contraire applicables :

Aux établissements qui travaillent exclusivement ou presque exclusivement pour l'État,

ainsi qu'aux établissements qui travaillent simultanément pour l'Etat et pour d'autres clients, si les commandes de l'État sont assez importantes pour qu'un personnel et un matériel spéciaux y soient affectés pendant une période de temps notable, — auquel cas c'est à ce personnel spécial que les dispositions du décret doivent être appliquées ;

c) Qu'il appartient, d'ailleurs, au Ministre intéressé de trancher par des décisions d'espèce, sauf les recours de droit, les questions que peut soulever l'application des instructions qui précèdent.

D. — **En ce qui concerne les accidents du travail.**

Qu'il y aurait lieu de modifier la loi du 9 avril 1898 sur les points suivants :

Art. 3. — Allocation de l'indemnité journalière égale à la moitié du salaire à partir du premier jour de l'interruption obligée du travail, quelle que soit la durée de l'incapacité ;

Art. 4. — Augmentation des facilités d'accès du médecin du chef d'entreprise auprès de la victime à l'effet de contrôler son état et le traitement auquel elle est soumise.

Le Rapporteur,
Signé : **P. ALEXANDRE.**

Adopté par la Commission dans sa séance du 11 juin 1909.

Les Secrétaires,
Signé : PIGEAUD, LE CONTE.

Le Président,
Signé : Ch. LAURENT.

TABLE DES MATIÈRES.

PREMIÈRE PARTIE.

EXPOSÉ DE LA SITUATION.

2ᵉ PARTIE.

OBSERVATIONS PRÉSENTÉES PAR LES INTÉRESSÉS.

3ᵉ PARTIE.

CONCLUSIONS.